FRANCKE

Thomas Drumm / Markus Ocker

S.M.S.
– 50 kurze Schüler-
andachten

In Zusammenarbeit mit der SMD
(Studentenmission in Deutschland)

FRANCKE
Verlag der Francke-Buchhandlung GmbH

Die Deutsche Bibliothek – CIP-Einheitsaufnahme

Drumm, Thomas / Ocker, Markus:
SMS : 50 kurze Schülerandachten / Thomas Drumm /
Markus Ocker. – Marburg an der Lahn : Francke, 2001
ISBN 3-86122-490-9

© 2001 by Verlag der Francke-Buchhandlung GmbH
35037 Marburg an der Lahn
Umschlaggestaltung: Henri Oetjen, DesignStudio Lemgo
Satz: Verlag der Francke-Buchhandlung GmbH
Druck: St.-Johannis-Druckerei, Lahr

4 Teens only

Inhaltsverzeichnis

S.M.S. Short Message Service

„Service" – im Deutschen wird das meistens mit „Dienst" übersetzt. Was manche nicht wissen: „Service" hat im Englischen auch noch die Bedeutung „Gottesdienst". In unserem Buchtitel stecken beide Bedeutungen!

Dieses Andachtsbuch soll ein „Service-Buch" sein. Es ist als „Dienst-Leistung" für alle gedacht, die Jugendandachten halten müssen. Wir bieten ihnen hier 50 Kurzandachten – eben „Short Messages" – an (genau genommen sind es sogar über 80 Andachten!).

In diesem Buch geht es aber auch um „Gottesdienste". Denn als „Short Message Service" ist jede Andacht zugleich ein „Gottesdienst mit Kurzbotschaft".

Die Andachten stammen fast alle von Mitarbeiterinnen und Mitarbeitern aus der Schülerarbeit der SMD (siehe S.152). Sie wurden für christliche Schülerkreise geschrieben und in der Praxis erprobt. Kurzandachten sind sie deshalb, weil die Schülerkreise oft nur die zehn Minuten Pause für eine Andacht haben. Der Bezug zum „Arbeitsplatz Schule" ist in den Andachten nicht zu übersehen. Trotzdem eignen sie sich genauso für andere „andächtige Gelegenheiten": im Jugendkreis, Hauskreis oder für den persönlichen Gebrauch.

Was man den Andachten auch anmerkt: Sie wurden von vielen, ganz unterschiedlichen Leuten geschrieben. – Diese Unterschiede in den Andachten haben wir bewusst beibehalten, denn so sind wir in der SMD-Schülerarbeit!

Und: Viele Andachten sind tatsächlich nur „Angedachtes". Sie sollen diejenigen, die mit diesem Buch arbeiten, zum „Weiter-Nachdenken" anregen und vor allem auch zum eigenen „Kreativ-Werden" Mut machen.

Wir haben die Andachten nach vier Kategorien geordnet und mit einem Symbol gekennzeichnet:

 **Andachten zum Vorlesen:** Wenn's mal schnell gehen muss und die Zeit zur Vorbereitung knapp wird, dann gilt: Lieber eine Andacht gut vorgelesen als schlecht durchdacht. – Wobei es immer besser ist, wenn man die Andacht mit eigenen Worten wiedergeben kann!

 **Kreativandachten:** Diese Andachten können auch meistens vorgelesen werden, sie sind aber aufwändiger gestaltet. Man benötigt Material und zusätzliche Vorbereitungszeit für die Spiele oder Aktionen.

 Andachtsimpulse: Mit ausformulierten Andachten tun sich viele schwer. Denn die Worte sind nicht die eigenen Worte. Die Andachtsimpulse sind Gedankensplitter und Ideen, aus denen man sich seine eigene Andacht bauen kann.

 Andachtsreihen: Die Andachtsreihen eignen sich besonders dort, wo regelmäßig Andachten gehalten werden – z.B. in den wöchentlichen Schülerbibelkreisen. Es handelt sich um Andachtsimpulse für eine Reihe von Andachten über ein Thema oder über eine biblische Person. Andachtsreihen haben den Vorteil, dass die lästige Suche nach einem Text für die Andacht entfällt.

Zum Schluss noch ein herzlicher Dank an alle Mitarbeiterinnen und Mitarbeiter, die ihre Andachten zur Verfügung gestellt haben, und an Ulla Hertlein, die viele Andachten noch mal abgetippt hat.

Viel Spaß beim „Schmökern" und Andachten Vorbereiten!

Thomas Drumm, Markus Ocker

Folgende weitere Symbole werden verwendet:

 Der eine Ziel- oder Kerngedanke, dem die Andacht folgt.

 Ein oder mehrere Bibeltexte, auf die sich die Andacht bezieht.

 Tipp zur Gestaltung der Andacht oder weitere Ideen zum Thema.

 Lied, das den Kerngedanken der Andacht noch mal aufnimmt und vertieft.

Service: Auf den Punkt gebracht

Tipps zur Vorbereitung einer Andacht
„Tu's Maul auf, tritt forsch auf, hör bald auf!" Dieser alte Ratschlag von Martin Luther bringt es derb, aber noch immer treffend auf den Punkt. Er gilt eigentlich für alle Reden: egal ob im Schülerbibelkreis, im Jugendkreis, auf einer Freizeit oder bei einer Sitzung. Ich habe schon viele Andachten gehört, die den Namen „Andacht" zu Unrecht getragen haben. Eine „Andacht" – was ist das überhaupt?

Fünf Merkmale einer guten Andacht

1. Eine Andacht ist kurz

Andachten sind „Short Messages". Sie sind weder Mini-Bibelarbeiten noch Kurz-Predigten. Ich behaupte sogar: Eine Andacht, die länger als fünf Minuten dauert, ist keine Andacht, sondern eine Ansprache.

Wie schon der Name sagt, wird in einer Andacht etwas an-*gedacht* und nicht erschöpfend behandelt. Eine Andacht will etwas anstoßen und die Hörer zum Weiter-*denken* anregen. Eine gute Andacht lässt den Zuhörern Raum, sich am Ende ihre eigenen Gedanken zu machen.

2. Eine Andacht ist einseitig

Das wichtigste Wort für die Andachtsvorbereitung ist das Wort „*ein*". Eine Andacht entfaltet *einen* Gedanken, veranschaulicht *einen* Aspekt oder erklärt *einen* Bibelvers. Insofern ist eine Andacht nicht ausgewogen. Sie berücksichtigt nicht alle Aspekte eines Themas, sondern sie betrachtet alles nur von *einer* Seite – sie ist also bewusst „einseitig". Das bedeutet, du musst deine Gedanken auf den Punkt bringen, *einen* Zielgedanken formulieren, und dich von allen anderen guten Gedanken, Ideen, Beispielen usw., die dir noch gekommen sind, trennen.

3. Eine Andacht ist anschaulich

Eine Andacht ist keine theologische Abhandlung, sondern eine Art „Kino im Kopf". Suche nach *einem* Beispiel, *einer* Geschichte oder *einem* Gegenstand, mit dem du die Kernaussage deiner Andacht veranschaulichst. Male deinen Zuhörern eine Situation so vor Augen, dass sie sich darin wieder finden und mitfühlen können. Schließe dazu die Augen, stelle dir die Situation ganz genau vor. Beschreibe, was du „siehst, schmeckst, riechst und fühlst". Wenn du das dann erzählst, entsteht auch bei den anderen „Kino im Kopf".

4. Eine Andacht ist persönlich

Eine Andacht lebt davon, dass du eine Geschichte erzählst oder eine Begebenheit, die du persönlich erlebt hast. Denn was du selbst erfahren hast, kannst du auch am besten mit eigenen Worten wiedergeben. In der Andacht geht es auch um dich! Du beziehst einen Standpunkt. Du teilst dich in deiner Sprache, mit deinen Gebärden und deiner Lebensgeschichte mit.

Doch aufgepasst: Eine Andacht soll zwar persönlich sein, aber wir predigen trotzdem nicht uns selbst, sondern Jesus (2. Korinther 4,5)!

5. Eine Andacht ist nicht einfach

Andachtenschreiben ist Arbeit! Eine Andacht fällt dir selten in den Schoß. Du brauchst dafür genügend Zeit und Ruhe zum Vorbereiten. Obwohl ich selbst ziemlich oft Andachten schreiben muss, sitze ich immer wieder vor einem weißen Blatt und kriege meine Gedanken nicht richtig auf die Reihe. Aber diese „Hilflosigkeit" hat auch etwas Gutes. Sie bewahrt mich vor dem Hochmut zu meinen, ich könnte eine Andacht einfach so in fünf Minuten aus dem Ärmel schütteln.

Sechs Schritte der Andachtsvorbereitung

1. Bete

„Das Gebet ersetzt zwar keine gute Vorbereitung, aber das Gebet ist eine Vorbereitung, die durch nichts ersetzt werden kann!" Werde also still, sammle deine Gedanken und bitte Gott, dass er zu dir durch sein Wort spricht und den *einen* Gedanken schenkt. Was du selbst „gehört" hast, das kannst du auch am besten weitergeben. Wichtig: Das Gebet ist nicht nur der erste Schritt, sondern gehört zu allen weiteren Schritten dazu!

2. Wähle einen Text oder ein Thema

Fange nicht zu spät damit an! Am besten du entscheidest schon einige Tage vor dem Termin deiner Andacht, welchen Text oder welches Thema du an-denken willst.

Wie findest du ein Thema für deine Andacht?

- Du lässt dir den Text vorgeben (Tageslosung, Wochenspruch, Andachtsreihe).
- Du überlegst dir, welches Bibelwort dich in letzter Zeit angesprochen oder beschäftigt hat.
- Du überlegst, welches Thema im Schüler- oder Jugendkreis gerade „dran" ist.

In den nächsten Tagen „bewegst du dieses Thema in deinem Herzen" und notierst alle Gedanken, die dir dazu kommen.

3. Finde den Kerngedanken

Das ist die schwierigste Aufgabe bei der Andachtsvorbereitung. Aus den ganzen guten Gedanken und Ideen, die dir während der letzten Tage gekommen sind, musst du den *einen* Kerngedanken auswählen, den du weitergeben möchtest. Schreibe ihn dir in einem kurzen Satz (maximal 20 Worte) auf. Von allen anderen Gedanken musst du dich jetzt trennen. Das ist zwar schmerzlich, aber du kannst sie ja später bei einer anderen Andacht verwenden.

4. Entwerfe die Andacht (Einstieg – ein Gedanke – Schluss)

Suche einen passenden Einstieg: ein Bild, einen Vergleich, einen Witz, eine Karikatur, einen Gegenstand, ein Erlebnis ... Die ersten 20 Sekunden deiner Andacht entscheiden darüber, ob die anderen dir weiter zuhören oder abschalten! Dann entfalte den einen Kerngedanken. Kontrolliere immer wieder, ob das, was du sagst, diesen *einen* Kerngedanken erklärt und veranschaulicht oder ob es dich auf ein Nebengleis führt. Halte dich an die Regel: „Any doubt – out!" Auf Deutsch: Wenn dir Zweifel kommen, ob der Gedanke hilfreich ist, dann vergiss ihn gleich wieder! Mach dir immer bewusst: Eine Andacht ist einseitig, anschaulich und persönlich.

Der Schluss verdient noch mal besondere Aufmerksamkeit, denn der letzte Satz bleibt meistens bei den Zuhörern hängen. Darum muss er kurz, klar formuliert und einprägsam sein: z.B. eine Frage, ein Zitat, ein Reim, ein Bibelwort, eine Aufforderung oder ein ermutigender Zuspruch. Vielleicht findest du ja auch ein Lied oder ein Gebet, das den Gedanken der Andacht aufnimmt.

5. Mach mal Pause

Lass die Andacht ruhen und lies sie dir nach ein paar Stunden oder besser am nächsten Tag noch mal laut vor. Die Leute *lesen* ja deine Andacht nicht, sondern sie *hören* sie. Frage dabei kritisch:

- Wie klingt meine Andacht?
- Wird deutlich, was der Kerngedanke ist?
- Kann man den einzelnen Gedanken folgen?
- Stocke ich irgendwo?
- Mache ich Gedankensprünge?

Versuche, die Andacht (mit Hilfe eines Stichwortzettels) frei vorzutragen und nicht abzulesen! Wenn du die Andacht in deinem Kopf wieder neu formulieren musst, können dir deine Zuhörer besser folgen, denn deine Sprache ist dann einfacher und natürlicher. Formuliere nur den ersten und den letzten Satz aus, denn die müssen sitzen.

Falls du die Andacht doch vorlesen willst, beachte: Auch Vorlesen muss man gut üben (Betonungen, Pausen, ...).

6. „Sei getrost und unverzagt"

Jetzt hast du alles getan, was *du* tun kannst. Dass deine Andacht ankommt, dass Gott selbst durch deine Worte in das Leben von anderen spricht, dafür bist du nicht verantwortlich. Es liegt nicht in deiner Macht, dass die anderen durch deine Andacht getröstet, im Glauben gestärkt oder hinterfragt werden oder zum Glauben finden. Das ist allein Gottes Verantwortung und Aufgabe. Aber du darfst damit rechnen, dass Gott sich hinter deine Worte stellt und dich gebrauchen will, so wie du bist: aufgeregt, ängstlich und zweifelnd, ob das alles wirklich gut ist. Es ist!

Thomas Drumm

Mutmach-Andachten

Die Überschrift sagt schon vieles: Diese Andachten sollen euch Mut machen, Mut zu eurem Christsein am „Arbeitsplatz Schule" – aber jeder andere Arbeitsplatz ist genauso mit gemeint! Hier könnt ihr auftanken und euch gegenseitig stärken, weil Jesus versprochen hat: „Ich bin bei euch im All-Tag, nicht nur in der Gemeinde, sondern – logisch! – auch an eurem Arbeitsplatz!"

Danken und Denken

Danken hängt ganz eng mit Denken und Gedenken zusammen.

Josua 4; Psalm 103,2

Am Ufer des unteren Jordanlaufs stehen zwölf große Steine. „Was haben diese Steine zu bedeuten?", fragt ein Junge seinen Vater.

„Diese zwölf Steine erinnern uns daran, dass genau hier an dieser Stelle die zwölf Stämme Israel in das verheißene Land gezogen sind. Das war so: Wir standen damals auf der anderen Seite des Flusses und wussten nicht, wie wir rüberkommen sollten. Der Jordan führte gerade Hochwasser und war über die Ufer getreten. Da hat Gott ein Wunder getan und das Flusswasser aufgehalten. Wir konnten mit unserem ganzen Gepäck trockenen Fußes durch den Jordan ziehen!

Darum haben wir diese Steine aufgestellt. Sie sollen uns immer daran erinnern, dass Gott uns hier geholfen hat. Die Steine sollen uns davor bewahren, Gottes große Taten zu vergessen und undankbar zu werden."

Solche Gespräche zwischen Vater und Sohn gibt es häufig in Israel – auch heute noch. Die Israeliten wissen, dass Dankbar-Sein weniger eine Sache des spontanen Gefühls ist. Dankbarkeit hat vielmehr mit Gedenken und Gedächtnis zu tun. Gottes große Taten können ja so schnell in Vergessenheit geraten. Darum haben die Israeliten Steine aufgestellt – aus Dankbarkeit.

Bei uns im Deutschen hängt das Wort *danken* auch eng mit dem Wort *denken* zusammen. Die beiden Worte haben dieselbe sprachliche Wurzel. Sie unterscheiden sich nur in einem Buchstaben. So könnte man sagen: „Wer denkt, der dankt." Und „wer nicht mehr gedenkt, der wird undankbar."

In den Liedern der Bibel, den Psalmen, heißt das so: *„Lobe den Herrn meine Seele und vergiss nicht, was er dir Gutes getan hat"* (Psalm 103,2).

Ich glaube, unser Problem liegt darin, dass wir oft so schnell vergessen, was Gott uns Gutes getan hat und immer noch tut: das tägliche Brot, die Luft zum Atmen, gute Begegnungen, eine besondere Bewahrung – wir halten das alles für selbstverständlich und vergessen, dass Leben ein Geschenk ist.

Gegen Vergesslichkeit helfen Gedenksteine. Auch mir helfen solche Zeichen.

Nein, ich habe noch keine Steine in unserem Garten aufgestellt. Aber auf meinem Schreibtisch steht ein Foto von der letzten Sommerfreizeit. Es ist ein Gruppenbild mit allen Freizeitteilnehmern. Alle sind guter Stimmung, denn wir hatten eine sehr gute Zeit miteinander.

Immer wenn ich das Bild anschaue, muss ich daran denken, was wir in den zwei Wochen auf der Freizeit miteinander erlebt haben: die eindrucksvolle Natur bei der Bergwanderung, die vielen guten Gespräche über den Glauben, das gemeinsame Bibellesen, das uns alle weitergebracht hat.

Dieses Foto ist mein Gedenkstein – ein Zeichen. Es erinnert mich an Gott und macht mich dankbar. Denn ich möchte auch heute Gott loben und nicht vergessen, was er mir Gutes getan hat.

 Schneide für alle einen „Gedenk-Stein" aus Papier aus. Auf die Vorderseite schreibst du den Vers Psalm 103,2. Auf die Rückseite schreibt sich jeder zwei Dinge, wofür er Gott dankbar ist. Diesen „Gedenk-Stein" kann man sich in seine Bibel oder sein Mathebuch legen!

Thomas Drumm

Über den Wolken

Jesus ist da – nicht nur über den Wolken, sondern auch in meinem Alltag

Matthäus 17,1-9

Schon eine ziemlich abgedrehte Sache dort auf dem Berg. Vermutlich haben sich Petrus, Jakobus und Johannes zuerst gefragt, warum sie überhaupt mit Jesus auf diesen Gipfel müssen. So ein Stress, dazu noch in dieser Hitze. Hoffentlich gibt es da oben wenigstens eine bewirtschaftete Berghütte. – Leider nicht!

Als die Jünger mit Jesus endlich oben angekommen sind, passieren dort lauter merkwürdige Dinge: Jesus denkt überhaupt nicht an Ausruhen oder Brotzeit, sondern er hat auf dem Berg eine Verabredung mit Mose und Elia. Und auf einmal merken die drei: Dieser Jesus ist nicht nur der nette „Flowerpower-Freak", der predigend und heilend durch die Lande zieht. Jesus gehört noch in eine ganz andere Welt!

So richtig überrascht über das Auftauchen von Mose und Elia sind die Jünger aber nicht. Sie nehmen das Ganze eher ziemlich cool. Petrus hat sogar einen genialen Vorschlag: *„Wie gut, dass wir hier sind, Herr! Wenn du willst, schlage ich Zelte auf"*. Die drei scheinen die „fromme Höhenluft" richtig zu genießen.

Als sich plötzlich aber auch noch Gott zu Wort meldet, kommt es ganz schnell zur Bauchlandung. Die Reaktion der Jünger ist irgendwie typisch für Christen: Gerade eben noch geistlicher Senkrechtstart mit tollen Visionen, als dann Gott selbst zu reden beginnt, bekommen Petrus & Co es ziemlich mit der Angst zu tun. Sie merken, dass Gott doch einige Nummern größer ist als sie und dass sie auch seinem Sohn nicht einfach ihre Vorstellungen aufs Auge drücken können. Selbst für die frömmsten Wünsche seiner

Jünger ist Jesus kein Erfüllungsautomat. Und dann liegen sie da am Boden, die drei Superchristen, und sind zu nichts Vernünftigem mehr fähig.

Doch Jesus lässt seine drei Superjünger nicht einfach liegen, nach dem Motto: „So eine Erfahrung tut euch mal ganz gut. Hoffentlich habt ihr was daraus gelernt!" – Nein, Jesus geht zu Petrus & Co hin, beugt sich zu ihnen hinunter, berührt sie und bringt sie in „Normallage" zurück. Und dann müssen sie wieder vom Berg runter.

Auch wenn es nun bergab geht, ist das der eigentliche Höhepunkt der Geschichte: Denn Jesus schickt seine Jünger nicht allein zurück! Jesus bleibt nicht in jener anderen Dimension bei Mose und Elia – obwohl das für ihn sicher wesentlich angenehmer gewesen wäre als die ständigen Auseinandersetzungen mit seinem chaotischen Jüngerhaufen und die Bedrohung durch die jüdischen Führer. Jesus geht mit seinen Jüngern zurück in ihre Welt, in die „Niederungen ihres Alltags".

Manchmal meinen wir ja, die einzig echten Gotteserfahrungen wären die, wenn wir glaubensmäßig so richtig „high" sind und geistlich alles wie am Schnürchen läuft. Dabei wissen wir eigentlich genau, dass Gott immer bei uns ist und uns sogar durch schwere Situationen durchhilft – nur manchmal übersehen wir das einfach oder aber wir merken es nicht, weil Gott im Verborgenen hilft.

Wir sind in unserem Alltag nicht allein, auch wenn er noch so grau und ätzend ist. So wie Jesus mit seinen Jüngern den Berg wieder runtergegangen ist, so ist er auch in unserem Alltag mit seinem Geist bei uns! Wo diese „zwei oder drei..." in Jesu Namen zusammen sind, da ist Jesus mit seinem Geist und seiner Kraft dabei. Gottes Sohn ist mit uns, an der Schule, im Beruf, überall – mehr geht wirklich nicht!

 Beim Reinkommen der Jugendlichen „Über den Wolken" (Dieter Thomas Kuhn) anspielen. Und den Bibeltext soll ein anderer Bibelkreis-Teilnehmer vorlesen.

Markus Ocker

Gewichtiges Papier

Die Bibel enthält eine konkurrenzlos wichtige Botschaft für uns.

Lukas 2,1

Was ist der Unterschied zwischen deinem Mathebuch und einem Liebesbrief deiner Freundin? Ca. 580 Gramm! – Hoffentlich fallen dir aber noch ein paar weitere Unterschiede ein, sonst solltest du entweder mal mit deiner Freundin sprechen oder aber mir den Titel deines Mathebuchs verraten. Das kaufe ich sofort!

Dumme Frage, dumme Antwort! Natürlich kommt es auf den Inhalt an. Papier ist eben nicht gleich Papier! Man muss hier schon unterscheiden können: Was ist wichtig, und was führe ich gleich wieder dem direkten Recycling-Kreislauf – sprich: Papierkorb – zu? Da hatten es unsere Urahnen noch leichter: Wenn früher ein neues Buch auf den Markt kam, war das etwas Besonderes; und was man sich an Zeitungen und anderen Druckerzeugnissen leisten konnte, wurde wie ein Schatz behandelt.

Wir dagegen haben die Qual der Wahl schon bei der morgendlichen Zeitungslektüre: Fünf Zeilen Bundestag, ein Artikel über Britney Spears und die Bundesliga-Tabelle, dann fährt der Schulbus. Während der Busfahrt schaffst du vielleicht gerade noch, den Flyer für einen JuGo zu überfliegen. In der Schule geht die Papierflut weiter: Quellen lesen, Texte bearbeiten, Kopien sortieren, Bücher überfliegen ... Kiloweise bearbeitest du bedruckte Seiten, und der Lohn sind 5 Gramm leicht bedrucktes Papier am Schuljahresende mit dem entscheidenden Satz: „Kunibert wird versetzt in Klasse 10" – nur 5 Gramm und doch so wichtig!

Wer hier nicht lernt, das Wichtige vom Unwichtigen zu trennen, wer jede Werbung im Briefkasten liest, aber die Einladung zur Fete übersieht, ertrinkt irgendwann in der Flut von Büchern, Zeitschriften und Zetteln. Auch in der Schule wird die Fähigkeit immer wichtiger, eine Auswahl im Wissenswald zu bearbeiten, riesige Sachverhalte kompakt zusammenzufassen und eigene Prioritäten zu setzen. Wer diese Fähigkeit nicht lernt und beherrscht, dem hilft bald auch kein Super-Gedächtnis mehr. Denn Qualität ist etwas anderes als Quantität, und nicht alles, was für andere wichtig ist, muss auch für mich wichtig sein!

Über 200 Millionen Bücher stehen in deutschen Bibliotheken, und jeden Tag kommen 180 neue Titel auf den Markt! Tausende von Illustrierten, Zeitschriften und Tageszeitungen erscheinen täglich in Deutschland in riesigen Auflagen – und doch hat *ein* Buch schon Jahrtausende überlebt: die Bibel! Und auch dieses Jahr wird wieder an Weihnachten aus Lukas 2 vorgelesen werden: *„Es begab sich aber zu der Zeit..."* – Gibt es eigentlich nichts Neueres, keine aktuelleren Infos oder ausgefeiltere Werke?

Es kommt eben auf den Inhalt an und wie dieser Inhalt dich persönlich berührt! Dass Jesus Christus in unsere Welt gekommen ist, ist eine so konkurrenzlos wichtige Nachricht für alle Menschen, dass die Bibliotheken über Weihnachten getrost schließen können – was sie ja auch tun. Die Bibel ist mehr als nur ein Buch unter vielen Büchern. Durch sie bekommst du Orientierung und Halt für dein Leben, weil Gott selbst durch sein Wort redet. Es gibt keine bessere Nachricht als die, die mit dieser Weihnachtsgeschichte beginnt.

Lassen wir uns vom Gewicht des „Blätterwaldes" aus Zeitungen, Büchern und anderen Drucksachen nicht erdrücken: Das „Buch der Bücher" braucht unbedingt einen besonderen Platz in unserem Tagesablauf! Und wie gut, wenn neben den vielen anderen bedruckten Seiten in der Schule uns im Bibelkreis dieses eine Buch wichtiger als alle anderen ist – wenn es uns fasziniert, uns in Bewegung setzt und wir gemeinsam versuchen, uns auch in der Schule an den Lebensregeln dieses Buches zu orientieren.

Wolfgang Ilg

Lebens-Rahmen

Die Schule prägt mein Leben, aber Gott will meinen Lebensrahmen bestimmen.

Offenbarung 22,13

Kennst du sie auch: die Angst vor dem Abi? – Nein, nicht die Angst, in den Prüfungen zu versagen, sondern diese Horrorvorstellung, dass man die Abschlussprüfungen tatsächlich schafft. Dass also die Schule einmal endet und du dein Leben selbst in die Hand nehmen musst. Morgens aufzuwachen und liegen bleiben zu können, ohne sich entschuldigen zu müssen – eine furchtbare Vorstellung!

Wer hat da gelacht? Ich bin mir ziemlich sicher, dass diese Angst einige ganz schön umtreibt. Macht doch mal eine Umfrage in den Abschlussklassen: Wer weiß jetzt schon, wie es nach der Schulzeit konkret weitergeht? Die häufigsten Antworten: Achselzucken, *„weiß nicht"*, *„oh je, das wird übel ..."* – Kein Wunder, schließlich hört mit dem Abi nicht nur der Unterricht auf, sondern auch der ganze gewohnte Tagesablauf, der schulische Rahmen, der mir vieles vorgegeben hat. Und dann kommt automatisch die Frage hoch: Von was lasse ich ab jetzt mein Leben bestimmen?

Aber: Habe ich da nicht etwas ziemlich falsch verstanden, wenn ich meine, dass die Schule mein ganzes Leben bestimmen muss? Der Lernstoff, der Stundenplan, die Ferien: Okay, das wird alles durch die Schule vorgegeben, aber den Rahmen für mein Leben, den muss ich doch schon selber festsetzen: Was ist mir wichtig? Welche Werte und Lebensziele habe ich? Auf welche der vielen Stimmen höre ich?

Ein Bilderrahmen bestimmt entscheidend das Kunstwerk, das er umrahmt – und so ist es auch mit unserem Lebensrahmen: Was alles so auf mich zukommt, darauf kann ich oft keinen Einfluss nehmen, aber sehr wohl auf die Größenordnung und das Gewicht, das ich ihm in meinem Leben gebe. Zur Verdeutlichung eine kleine Geschichte:

Ein eifriger Schüler kam eines Tages zu seinem Lehrer und fragte: „Meister, was muss man können, um weise zu sein?" – „Was denkst du?", fragte ihn der Gelehrte zurück. „Nun, man sollte ein Problem möglichst schnell lösen können", antwortete der Schüler. „Wer das kann", erwiderte der Gelehrte, „ist wahrlich klug. Weise aber ist der, der sich vorher fragt, wie wichtig das Problem für ihn ist."

Die Antwort dieses Gelehrten gefällt mir ziemlich gut. Wer es in der Schule lernt, bestimmte Probleme gut und schnell zu lösen, der ist klug und damit studierfähig, arbeitsfähig, leistungsfähig. Wer aber das Zweite kann – das Unterscheiden von wichtigen und unwichtigen Dingen –, der ist weise und somit wirklich *lebensfähig*. Da kann man diejenigen nur bemitleiden, die nach dem Motto „Schule gut, alles gut!" in tollen Noten ihre ganze Lebenserfüllung sehen. – Das kann es ja wohl nicht bloß gewesen sein!

Wie schafft man es aber in der Schulwelt, mit und trotz ihrer ganzen Leistungsforderungen den Blick für diese „Lebensfähigkeit" nicht zu verlieren? Die beste Antwort heißt hier für mich: „SBK – Schülerbibelkreis"! Hier geht es gerade mitten in der Schule um mehr als Mathe, Englisch oder Bio. Hier werden die wichtigen Lebensfragen zum Gesprächsthema, und hier wird über den Rahmen nachgedacht, in den mein Leben gut hineinpasst – ein Rahmen, der auch über die Schulzeit hinaus nicht einfach aufhört oder zu klein wird.

Getrost „eingerahmt" fühlen kann ich mich da, wo ich es erlebe: Es gibt einen, der mein ganzes Leben vom kleinsten Anfang über die Schulzeit bis ganz zum Schluss hin rahmt. Gott selbst ist es, der mir verspricht: *„Ich bin das A und das O, der Erste und der Letzte, der Anfang und das Ende!"* (Offenbarung 22,13)

Wolfgang Ilg

Brot des Lebens

Die Bibel ist wie Brot, das wir jeden Tag zum Leben brauchen.

Matthäus 4,4; Jeremia 15,16

Zur Zeit des Stalinismus und sogar noch bis in die 80er Jahre gab es in der ehemaligen Sowjetunion etwas, das wir uns kaum vorstellen können: Menschen kamen ins Gefängnis und verschwanden in sibirischen Lagern, nur weil bei ihnen eine Bibel gefunden wurde! Manche Bauern sollen sogar ihre Bibel im Misthaufen vergraben haben – natürlich gut eingewickelt! Wenn es ungefährlich war, holten sie die Bibel heraus, um in ihr zu lesen. Sie gingen das Risiko einer Verhaftung ein, weil sie auf die Bibelworte nicht verzichten wollten. Von einem solchen Bauern handelt meine Geschichte:

Eine Familie ist abends zu Hause. Die Mutter knetet Brotteig, der Vater heizt den Backofen an, in dem das Brot gebacken werden soll. Die Großmutter sitzt in der Ecke und liest ihren Enkelkindern aus der Bibel vor. – Ein richtig idyllisches Bild! Plötzlich wird die Haustür aufgestoßen und der Nachbarsjunge kommt aufgeregt hereingestürzt: ein paar Männer sind ins Dorf gekommen, wahrscheinlich vom KGB (Kommunistischer Geheimdienst). Sie durchsuchen die Häuser und haben bereits mehrere Menschen verhaftet. – Aufregung in der Wohnstube: Wohin so schnell mit der Bibel?

Die Großmutter bleibt ganz ruhig. Sie nimmt die Bibel und wickelt sie in Papier. Dann nimmt sie Brotteig, wickelt das Bibelpäckchen darin ein, formt einen großen Laib und schiebt ihn in den Backofen. Da wird auch schon die Tür aufgerissen, und fremde Männer kommen hereingestürzt. Sie schauen sich suchend um: „Habt ihr eine Bibel im Haus?" – Schweigen. Nachdem die Männer das ganze Haus durchsucht, vieles kaputtgemacht, aber nichts gefunden haben, gehen sie wieder.

Am nächsten Morgen duftet beim Frühstück das ganze Haus nach frisch gebackenem Brot. Die Großmutter schneidet den Laib auseinander: Ohne Beschädigung liegt ihre Bibel wieder vor ihnen – die lebensnotwendige Bibel im lebensnotwendigen Brot! Die Bibel ist wie das tägliche Brot zum Leben, weil da wichtige Dinge über dich, mich und über Gott drinstehen:

- was Gott sich dachte, als er uns Menschen erschaffen hat,
- dass Gott jeden von uns hier schon kannte, als wir noch kleine unsichtbare Embryos im Bauch unserer Mutter waren.
- dass jeder von uns in Gottes Augen wertvoll und genial ist – egal wie wir uns gerade fühlen oder bei den anderen im Kurs stehen, egal ob wir an der Schule, beim Sport oder von unserem Aussehen her für andere ein Looser sind.
- dass Jesus die Macht des Todes, und damit die Macht von allem Bösen und Gemeinen in und um uns durchbrochen hat und jetzt darauf wartet, dass wir Menschen wieder Vertrauen zu ihm fassen.

Wer einmal angefangen hat, in der Bibel zu lesen und sich auf die Aussagen einlässt, der merkt bald: Das ist kein vertrockneter Schinken, sondern frisches, knuspriges „Lebensbrot". Und weil die Bibel auch Lebensbrot für das Überleben an der Schule ist, deshalb treffen wir uns im Schülerbibelkreis. Wir wollen uns durch das, was in der Bibel steht, Mut zum Überleben an der Schule machen lassen.

 Beim Bäcker eine kleine Bibel in ein Brot einbacken lassen. Das „Bibel-Brot" bei der Andacht in die Mitte legen und raten lassen, ob das mit dem Einbacken funktioniert. Nach oder während der Andacht das Brot aufbrechen lassen. Jeder darf sich ein Stück davon abbrechen.

Markus Ocker

Das Geschmacks- erlebnis

Gottes Wort muss man ausprobieren, um zu wissen wie es „schmeckt".

Hesekiel 3,1-3

Einstieg

Du bereitest den Teilnehmern eine heiße Suppe zu. Am einfachsten geht es mit den „5-Minuten-Terrinen": „Deckel auf, heiß' Wasser drauf!" Bei der Präsentation der Suppe sind deiner Phantasie keine Grenzen gesetzt: Du kannst z.b. Maggi-Kochstudio spielen und lässt die Teilnehmer probieren.

Andacht

Auf den Geschmack ganz anderer Dinge ist ein Mann gekommen, von dem ich euch jetzt erzählen möchte. Das war ein Typ! Ein Mann wie ein Baum: Da fehlte nichts. Er muss so etwa 30 Jahre alt gewesen sein, als er das Erlebnis seines Lebens hatte.

Mit seinen Freunden sitzt er vor dem Haus, als plötzlich Gott zu ihm spricht: „Hey, Hesekiel, mach dich auf und geh in die Stadt und verkündige meine Botschaft!"

Hesekiel ist erst mal voll platt. Nachdem er wieder halbwegs klar denken kann, sagt er: „Du stellst dir das so einfach vor. Weißt du denn nicht, wo ich mich befinde?!"

Zur Info: Hesekiel lebte zur Zeit der babylonischen Gefangenschaft, etwa 600 Jahre vor Christus. Viele seiner Volksgenossen beteten fremde Götter an. „Da kann ich doch gleich gegen die Wand predigen!", denkt der gerade berufene Prophet Hesekiel. „Zu Betonköpfen soll ich reden. Gegen die Sturheit der Menschen soll ich antreten. Das ist kein Zuckerschlecken!"

„Und was soll ich sagen?", fragt Hesekiel weiter. Gott antwortet ihm: „Nimm die Schriftrolle, die du vor dir siehst. Iss sie auf und dann gehe hin und rede zu den Menschen." Und Hesekiel machte seinen Mund auf, aß die Rolle – sie schmeckte süß wie Honig.

Auf *den* Geschmack muss man erst mal kommen. Schließlich ist so eine Schriftrolle keine Schinkenrolle oder gar ein Schöller-Eis, das einem nur so auf der Zunge zergeht. – Halt, euch braucht jetzt nicht schlecht zu werden! Hesekiel musste wahrscheinlich keine echte Pergamentschriftrolle runterwürgen, sondern das Ganze ist bildlich zu verstehen: Er sollte das Wort Gottes in sich aufnehmen und verinnerlichen.

Auch wenn uns manches aus dem Wort Gottes richtig schmeckt und uns gut tut, ist es trotzdem kein religiöser Einheitsbrei und schon gar keine Schonkost! Vieles trifft leider nicht den Geschmack der Mehrheit. Es ist oft sogar ziemlich schwer, anderen Menschen dieses Wort als Lebens-Mittel anzubieten. Und: Es gibt manch harte Brocken, an denen selbst wir Christen noch ganz schön zu schlucken haben – wie z.B. das mit der Feindesliebe ...

(=> Erzähle an dieser Stelle ein persönliches Beispiel!)

Aber wir dürfen hier nicht zu schnell aufgeben. Auch wenn manches an Gottes Vorstellungen zuerst ziemlich ungenießbar aussieht, lohnt es sich trotzdem, dass wir hier „anbeißen" und uns mit seinem Wort auseinander setzen. Und dann werden wir wie Hesekiel feststellen: Das ist eigentlich gar kein so harter Brocken, was Gott uns hier anbietet. Es lohnt sich, den Geschmackstest zu machen, denn das Wort Gottes ist in Wirklichkeit Brot des Lebens, das wir alle ganz nötig brauchen.

Ich bin auf den Geschmack gekommen, und ich wünsche euch, dass auch ihr immer wieder neu auf den Geschmack kommt – Geschmack an Gottes Wort. Guten Appetit!

 „Dein Wort ist meines Fußes Leuchte" (Thy Word); „Dass dein Wort in meinem Herzen starke Wurzeln schlägt"

Thomas Deffke

Ein Freund, ein guter Freund

Wenn du einen guten Freund willst: werde ihm selber einer (Freundinnen sind natürlich mit gemeint...)!

Sprüche 17,17 und 18,24

Material: Walkman, Mütze, Bibel

Einstieg

Ich möchte euch heute Hugo vorstellen. Hugo ist eigentlich ein ganz normaler Mensch und wie fast jeder von uns, wünscht er sich einen Freund. Aber schaut euch selber an, wie er das macht:

(Jetzt schnell Mütze aufsetzen, Bibel aufschlagen und dabei mit dir selber reden:)

Ich habe eine tolle Stelle in der Bibel gefunden: *„Ein Freund liebt allezeit, und ein Bruder wird für die Not geboren"* (Sprüche 17,17). Und noch eine gleich im nächsten Kapitel (Sprüche 18,24): *„Es gibt Allernächste, die bringen ins Verderben, und es gibt Freunde, die hangen fester an als ein Bruder."*

Das wäre was. Genau so einen Freund wünsche ich mir. Einer, der mit mir durch dick und dünn geht, der ganz viel Zeit hat für mich, der sich auf meine Seite stellt. Und er muss mich ernst nehmen, mir zuhören können. Ich suche mir einfach mal einen.

(Walkman aufsetzen, auf die Suche gehen und dann eine Person aus dem Kreis ansprechen:) Das hier wäre ein geeignetes Opfer!

(Während „das Opfer" auf seine Fragen antwortet, hört Hugo verzückt auf seinen Walkman und versteht deshalb kein Wort. Hände auf die Ohren legen, leise mitpfeifen und die Augen nach oben verdrehen. Dabei kann etwa folgender Dialog rauskommen:)

Hugo: „Hallo, mein Name ist Hugo. Wie heißt du?"

XY: „Ich heiße Michael und äh, ich sitze hier und höre zu."
Hugo: „Wie bitte? Habe ich mich nicht verständlich ausgedrückt?
Wie du heißt, wollte ich wissen!"
(Nach der Antwort wendet sich Hugo kopfschüttelnd ab:) „Der
war es sicher nicht. Der hat mir ja noch nicht mal zugehört."
Hugo zum Nächsten: „Hi, ich bin Hugo und ich suche einen
richtig guten Freund. Und da wollte ich dich fragen, ob du viel-
leicht Lust hättest?"
YX: „Na, ich weiß nicht ..."
Hugo wütend: „He, ich suche einen, der mein Freund wird, aber
du hörst mir ja noch nicht mal zu. Ach, das ist ja sinnlos."
Hugo an alle: „Offenbar will hier überhaupt niemand mein Freund
sein. Warum hört mir nur keiner zu?"
(Mütze und Walkman abnehmen:) Lassen wir die hilflosen Versuche Hugos ...

Übertragung
Eigentlich hat Hugo Recht. Einen echten Freund suchen wir alle.
Die Frage ist, wie man einen solchen bekommt! Hugo hat einen
Fehler gemacht: Das, was er von seinem Freund wollte, das hat er
selber nicht getan. Aber wie hätte er es machen müssen?
   Wir können uns da ein gutes Beispiel an Jesus nehmen. Jesus
wünscht sich total, Freunde zu bekommen. Er will eine Beziehung
zu uns Menschen. Wie hat er das gemacht? – Er hat sich nicht
abschrecken lassen davon, dass die Menschen ihn enttäuscht haben wie Petrus, der ihn verraten hat. Er hat sich nicht die Besten
und Beliebtesten gesucht, sondern die, die ihn am nötigsten brauch-
ten, z.B. Zachäus, den alle hassten. Er hat selber das getan, was er
von seinen Freunden wünscht.

Schluss-Satz:
Wenn du dir einen Freund wünschst, mach es wie Jesus: Werde
selber ein Freund! Denn nur wenn du selbst ein echter Freund
wirst, bekommst du auch wirkliche Freunde!

Andreas Spingler

Die Himmelianer

Jesus kommt wieder. Und wir haben jetzt schon unsere „Staatsangehörigkeit" im Himmel.

Philipper 3,20

Material: Himmelsausweise (selbst basteln, z.b. Personalausweis ohne die persönlichen Daten kopieren), Stifte, Ferrero Rocher, eventuell Kartoffelstempel mit Stempelkissen.

Einstieg
Am Eingang beim Reinkommen Himmelsausweise und Stifte verteilen. Jeder füllt einen Pass aus, ohne ihn zu unterschreiben. Falls du den Pass noch abstempeln willst: Aus einer rohen Kartoffel kannst du einen Kreuzstempel schnitzen.

Vier Impulse
1. Advent oder Warten auf die größte Fete des Universums.
Advent heißt „Ankunft". Wir feiern, dass mit Jesus Gott auf die Erde gekommen ist. Was manchmal vergessen wird: Wir feiern auch, dass er noch mal kommen wird. Und dann wird der Himmel, Gottes neue Welt, für alle sichtbar werden. Es wird die größte Fete des Universums geben, die je gefeiert wurde. Und das ewig.

2. Wer wird dabei sein?
Den Berechtigungsausweis für den Himmel hast du in der Hand. Aber ohne deine Unterschrift bringt er dir persönlich nichts. Die Bedingung, die du unterschreiben musst, steht in Römer 10,9: „Wenn du mit deinem Munde bekennst, dass Jesus der Herr ist, und in deinem Herzen glaubst, dass ihn Gott von den Toten auferweckt hat, so wirst du gerettet." Wenn du also glaubst, dass Jesus

von den Toten auferstanden ist und er dein Herr ist, bist du rechtmäßiger Besitzer eines Himmelsausweises! Du kannst den Pass jetzt unterschreiben oder auch erst mal überlegen, ob du ihn später unterschreiben willst.

3. Die Himmelianer
Auf jeden Fall gilt für alle, die unterschrieben haben: „Unser Bürgerrecht ist im Himmel!" Das ist die entscheidende Dimension! Auch wenn wir hier nur wenige sind: Wir sind eine Versammlung von lauter Jesus-Geadelten. Das zeigen unsere Himmelpersos. In den Augen von Jesus müssen wir die Super-VIPs sein!

4. Himmel?! – Lichtjahre entfernt!
Vielleicht erscheint dir der Himmel gerade ewig weit weg zu sein. Du fühlst dich möglicherweise fürchterlich irdisch. Allein dein normaler Perso scheint zu gelten.

Aber guck in deinen himmlischen Ausweis: Er ist auch schon heute gültig. Das heißt: Du gehörst schon heute zur Welt Gottes. Du kannst schon heute mit der Wirklichkeit von Gottes neuer Welt rechnen. Schon heute gehörst du zu dem Land, das alle in dem Moment erkennen werden, wenn Jesus wiederkommt.

Schluss
(Rumgehen und dabei allen gratulieren:) Herzlichen Glückwunsch! Wir haben Bürgerrecht im Himmel. Du ... (Vorname) bist geadelt von Jesus. Adel verpflichtet (dabei Ferrero Rocher austeilen).

 Du kannst in den Pass – statt dem Photo des Passinhabers – ein Bild von Jesus einkleben. „Denn die er ausersehen hat, die hat er auch vorherbestimmt, dass sie gleich sein sollten dem Bild seines Sohnes, damit dieser der Erstgeborene sei unter vielen Brüdern" (Römer 8,29).

Erik Neumann

Lass dir helfen

 Für den anderen zu beten ist das Größte, was wir füreinander tun können.

 2. Mose 17,8-13

Einstieg

Du suchst einen Freiwilligen, der sich mit nach schräg links und rechts oben erhobenen Armen hinstellen muss. Du erklärst, dass ... (Name) soeben die Wahl zu „Mr. Pray" (oder „Miss Pray") gewonnen hat. Was gehört dazu, wenn einer „Mr. Pray" wird? Er ist „Mr. Superbeter". Ihn zeichnet aus, dass er seine Probleme Gott vertrauensvoll hinhält.

Jetzt packst du deinem Freiwilligen Pakete auf die Hand oder hängst sie an seine Hand. Auf ihnen stehen Probleme drauf wie „Zoff mit den Eltern", „Schlechte Noten in Mathe", „Streit mit der Freundin" usw. Die Pakete müssen so schwer sein, dass der Freiwillige die Arme zunächst nur noch mit Mühe hochhalten kann und dann die Arme sinken lassen muss. Welche Gegenstände das richtige Gewicht dafür haben, musst du vorher ausprobieren.

Frage: Warum schafft es „Mr. Pray" wohl nicht, die Probleme Gott hinzuhalten? Anscheinend braucht sogar ein „Mr. Pray" Hilfe, wenn er diese Probleme Gott bringen will. Er braucht Freunde, die ihn dabei unterstützen.

An dieser Stelle bittest du zwei Personen, die Arme des Freiwilligen links und rechts zu stützen. So kann er die Arme weiter hochhalten und seine Probleme Gott bringen.

Andacht

Die eigentliche Geschichte von „Mr. Pray" finden wir in 2. Mose 17. Israel hatte ein großes Problem: Es war durch das Volk der

Amalekiter bedroht. Was tun? Klar, auf der einen Seite das, was einem möglich ist: gegen die Angreifer kämpfen. Auf der anderen Seite weiß Mose auch, dass es auf Gott ankommt. Er betet.

(2. Mose 17, 8-13 vorlesen.)

Während Josua kämpft, betet Mose. Denn Hände hochheben und nach oben ausstrecken ist in Israel eine typische Gebetshaltung. Hände sinken lassen heißt deshalb, dass Mose aufhört zu beten. Er kann nicht mehr. Es entlastet mich, wenn ich in der Bibel solche realistischen Stellen finde: Ein Glaubensheld wie Mose hat keine Kraft mehr zum Beten. Solche Situationen kenne ich auch. Gut, dass Mose die beiden Freunde dabei hat. Sie unterstützen ihn, als er keine Kraft mehr zum Beten hat. Und Mose lässt sich beim Beten helfen. Das wäre doch super, wenn der Schülerkreis aus Leuten wie Aaron, Hur und Mose besteht, die sich gegenseitig beim Beten unterstützen: „Eine christliche Gemeinschaft lebt aus der Fürbitte füreinander, oder sie geht zugrunde" (Dietrich Bonhoeffer).

Komisch, dass uns das in unserer Gesellschaft manchmal peinlich ist: auf einen zugehen und ihm das Gebet anbieten. Lasst uns füreinander beten. Jeder hat mal Zeiten, da kann er aus irgendwelchen Gründen nicht allein mit Gott reden. Es hilft weiter, wenn Freunde nicht nur Probleme mittragen, sondern auch mithelfen, diese Probleme vor Gott zu bringen. „Das Größte, was wir füreinander tun können, ist, dass wir füreinander beten" (Corrie ten Boom).

„Mr. Pray" brauchte Hilfe. Mose brauchte Hilfe. Lasst uns auch gegenseitig helfen beim Beten und Hilfe annehmen! Es lohnt sich! Noch mal zur Erinnerung: Dass Mose sich von den Freunden im Gebet unterstützen lässt, macht sich bezahlt: Israel kann die Bedrohung abwehren und die Amalekiter besiegen.

 Macht zum Schluss eine Gebetsrunde und betet füreinander.

Erik Neumann

Labil oder stabil
Was gibt meinem
Glauben Halt?

Wenn wir uns an Jesus halten, bekommt unser Glaube Halt.

Johannes 15,4-5

Material: 2 Streichhölzer, Bindfaden und ein bruchfester Gegenstand (z.B. Edding, dickes Lineal)

Als Christen sind wir wie so ein Streichholz. (Nimm ein Streichholz in deine Hand, so dass es alle sehen können.)

Unser Glaube ist zunächst einmal existent – so wie dieses Streichholz existent ist. Nach schönen Freizeiten oder tollen Jugendgottesdiensten ist meist alles perfekt: Du fühlst dich stark, und Gott ist der Größte, und die Bibel ist superinteressant ... Zwei Wochen später kannst du dir nur noch schwer vorstellen, dass vor kurzem noch alles so einfach schien: Gott zu vertrauen, Freunden von Jesus zu erzählen und begeistert zu sein. Das Feuer ist schon wieder aus!

(Zünde das Streichholz an – aber Vorsicht – und halte den Kopf nach oben. Es geht recht schnell wieder aus; das Streichholz behältst du in der Hand.)

Alle möglichen Einflüsse donnern im Alltag auf unseren Glauben ein: harte Diskussionen mit deinem Mitschüler; Angst, deinen Eltern zu erzählen, dass du Christ geworden bist; bohrende Fragen und Zweifel an Gott; Stress mit der Freundin; Frust in der Schule. All das rüttelt und zerrt an unserem Glauben, und allein hat er überhaupt keine Chance, dem standzuhalten. Er knickt wie ein Streichholz. (Zerknicke jetzt das Streichholz zwischen zwei Fingern.)

Jesus sagt: „Bleibt in mir und ich in euch. Wie die Rebe keine Frucht bringen kann aus sich selbst, wenn sie nicht am Weinstock bleibt, so auch ihr nicht, wenn ihr nicht in mir bleibt. Ich bin der Weinstock, ihr seid die Reben. Wer in mir bleibt und ich in ihm, der bringt viel Frucht; denn ohne mich könnt ihr nichts tun." (Johannes 15, 4-5)

Unser Glaube muss an etwas gebunden sein, das viel stärker ist. (Nimm ein stabiles Lineal o.ä. und binde ein neues Streichholz darauf.)

Die ganzen Einflüsse, wie Angst, Zweifel und kritische Erlebnisse sind trotzdem noch da – das bleibt keinem Christen erspart! Aber sie können uns und unseren Glauben nicht mehr knicken, wenn wir uns an den Stärkeren, an Jesus, binden. (Du kannst dein Konstrukt ruhig jemandem in die Hand geben und ihn versuchen lassen, das festgebundene Streichholz zu knicken.)

Jesus gibt uns Halt. Wir müssen fest an ihm bleiben. Dann gewinnt unser Glaube Kraft und neues Feuer!

„Du bist der Weg und die Wahrheit und das Leben"; „Dass wir in dir bleiben"; „Der Weinstock"

Wenn ihr noch Zeit habt für eine Austauschrunde, können folgende Fragen interessant sein:

- Wie kann ich in Jesus bleiben bzw. mich an ihn binden?
- Welche Rolle spielen Gebet und Bibellesen in meinem persönlichen Leben?
- Gibt es Einflüsse, die mich vom Glauben wegbringen wollen und die ich selber regulieren kann? Was kann man tun, um diesen Einfluss einzudämmen?

Juliane Waldminghaus

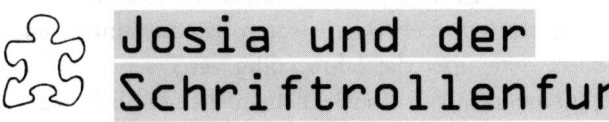

Josia und der Schriftrollenfund

Der eigentliche Gottesdienst besteht darin, dass ich tue, was Gott möchte.

2.Könige 22-23

Vorbereitung: Eine Bibel und einige alte Zeitungen mitbringen.

Einstieg

(Du kommst rein und redest mit dir selber:) Vielleicht sollte ich mal wieder etwas für meinen Glauben tun. Irgendwie fühle ich, dass ich das brauche und dass es mir gut tun würde. Aber was kann ich eigentlich machen? Vielleicht sollte ich mir ein Kreuz in mein Zimmer hängen. Dazu ein nettes Jesus-Bildchen und eine Andachtskerze. Eine gute Atmosphäre ist wichtig, damit ich mich beim Beten gut fühle. Aber vielleicht kann ich noch mehr tun. Den Raum für den Jugendkreis verschönern, ein paar Bilder an die Wand hängen und ein altes Sofa reinstellen. Man könnte sicher einiges machen.

(Plötzlich siehst du unter einem Haufen alter Zeitungen ein sehr altes Buch – die Bibel – und sagst:) Na so was, was ist denn das?

(Du blätterst in der Bibel, dann liest du leise darin und nach einer Weile redest du weiter:) Das ist ja interessant. Da gab es einen König, der hieß Josia. Der kam schon mit acht Jahren auf den Thron. Der wollte den Tempel in Jerusalem renovieren. Das war quasi seine eigene Hofkirche. Der König wollte etwas für seinen Glauben tun, deshalb gab er viel Geld für die Renovierung des Tempels aus. Das Haus Gottes sollte in neuer Schönheit erstrahlen, damit man in besserer Atmosphäre zu Gott beten und sich gut dabei fühlten konnte. Doch dann passierte etwas Ungewöhnliches!

Bei den Bauarbeiten stieß man plötzlich auf alte Schriftrollen mit den Gesetzen Gottes (wahrscheinlich waren das die fünf Bücher Mose). Die hatte man über die Jahre völlig vergessen – so, wie heute viele Menschen die Bibel auch nicht mehr im Blick haben. Man brachte das Buch zu Josia, dem König, der etwas für seinen Glauben tun wollte. Er war total getroffen von dem, was er darin las: „Wenn das alles wahr ist, dann muss sich etwas in meinem Leben ändern! Dann kann es nicht so weitergehen wie bisher! Wenn ich etwas tun will für meinen Glauben, dann genügt es nicht, nur Äußerlichkeiten zu ändern, sondern ich muss den Willen Gottes tun!"

Das hatte Josia klar für sich erkannt, und weil er ein Mann der Tat war, setzte er den Willen Gottes sofort um:

- Er veranlasste, dass allen Israeliten das Buch Gottes vorgelesen wurde.
- Er ließ den Götzendienst in Israel verbieten und kümmerte sich darum, dass die Feste für Gott wieder ordentlich begangen wurden.
- Er sorgte dafür, dass Gott allein Raum in seinem Leben einnahm. Alle anderen Götzen dagegen warf er aus seinem Herzen.

Übertragung
Wenn ich etwas für meinen Glauben tun will, dann
- genügt es nicht, dass ich mir ein Kreuz um den Hals hänge oder regelmäßig zur Kirche gehe;
- versuche ich, Gott durch die Bibel immer besser kennen zu lernen;
- will ich Gottes Willen in meinem Leben auch umsetzen.

Das ist der eigentliche Gottesdienst, dass ich das tue, was Gott möchte und was er für mich vorgesehen hat.

Zum Nachdenken
- Lass ich mich bei meiner Suche nach Gott von der Bibel beeinflussen? Lese ich in der Bibel?
- Bin ich bereit, die Autorität Gottes in der Bibel über mir anzuerkennen? Geht das so weit, dass ich bereit bin, mein Leben zu ändern? Glaube ich, dass die Bibel mir die besten Richtlinien für mein Leben gibt?

Schluss

Überlege dir in den nächsten 2 Minuten einen Punkt, den du in deinem Leben ändern willst. – Du kannst darauf vertrauen, dass Gott dich dabei unterstützt!

Alexander Schulz

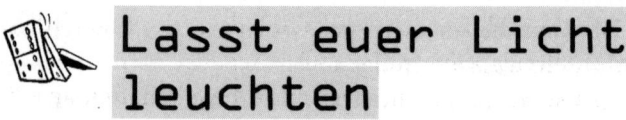

Lasst euer Licht leuchten

Lass dein Licht brennen: Steh zu deinem Glauben, denn du hast alles, was du dazu brauchst.

Matthäus 5,14-16

Vorüberlegungen
Jesus benutzt das Licht als Beispiel für unseren Glauben. Das tut er nicht ohne Grund, denn „Licht" kennt jeder. Es hat viele gute Eigenschaften, die helfen zu verstehen, was er meint:

- Licht ist hell und breitet sich aus wie der Schein einer Kerze im dunklen Raum.
- Licht bietet in der Dunkelheit einen Fixpunkt, an dem ich mich orientieren kann wie z.b. ein Leuchtturm.
- Licht benötigt, um scheinen zu können, Energie aus einer Quelle: Eine Glühbirne muss an den Stromkreis angeschlossen sein, Kerze muss entzündet werden und benötigt zum Brennen Stearin und Sauerstoff.
- Wo Licht ist, besteht eine scharfe Trennung von der Finsternis: Die Dunkelheit wird klar in ihre Schranken verwiesen.
- Wo Licht hinscheint, kommen verborgene Dinge zu Tage – das ist nicht immer angenehm und einfach!

Impuls 1: „Lasst euer Licht leuchten ..."

Material: Bibel, Teelicht, Streichhölzer, schmales hohes Glas

Gedanken zum Bibeltext
Jesus stellt fest: Ihr seid das Licht der Welt – ihr müsst es nicht erst werden! Ihr erfüllt alle notwendigen Eigenschaften, um zu leuchten. (Hier kannst du einige oben genannte Eigenschaften anführen.)

Veranschaulichung
Die Frage ist, wie ihr eure „Glaubens-Leuchtkraft" einsetzt. Es ist Blödsinn, ein Teelicht unter einen Stuhl zu stellen, weil man es dort nicht sieht (vormachen), oder es abzudecken, weil ihm dann schnell die Puste ausgeht. (Ein brennendes Teelicht auf eine glatte Fläche stellen und mit dem Glas abdecken – es geht in kurzer Zeit aus, weil ihm der Sauerstoff fehlt.)

Übertragung
Trotzdem verhalten wir Christen uns oft so. Wir denken, dass wir noch nicht stark genug im Glauben sind, um anderen etwas weiterzusagen zu können. Aber Jesus sagt klar: Ihr leuchtet schon – ihr seid Licht! Ihr habt alles, was ihr braucht.

Wir verstecken uns als Christen, lassen unser Licht höchstens in der Gemeinde leuchten, wo es eh schon hell ist. Wir halten unseren Glauben geheim und merken gar nicht, dass das unökonomisch ist. Also: Lasst euer Licht leuchten!

Impuls 2: Wo wir leuchten, kann es schon mal brenzlig werden

 Auch, wenn unser Glaube – unser Licht – angegriffen wird, kann uns das nichts schaden, weil wir an der Lichtquelle angeschlossen sind.

Material: normale Kerze (kein Teelicht), Streichhölzer

Gedanken zum Bibeltext
Da, wo wir als Christen leuchten, wird die Dunkelheit in ihre

Schranken gewiesen und es kommt Verborgenes zu Tage. Da können wir schon mal Gegenwind kriegen von Mitmenschen, denen das unangenehm ist, oder vom „Herrn der Finsternis" persönlich.

Veranschaulichung
Zünde die Kerze an und lass sie ein wenig brennen. Wenn sie durch äußere Angriffe (Pusten) ins Flackern gerät und ausgeht, bildet sich zunächst ein Rauchfaden. Hältst du ein brennendes Streichholz (die Lichtquelle Jesus) in den Rauchfaden, springt die Flamme über, auch wenn das Streichholz mehrere Zentimeter entfernt ist.

Fazit
Lasst euer Licht leuchten, auch wenn's brenzlig wird, denn Jesus sorgt dafür, dass wir weiter leuchten.

 „Licht bricht durch in die Dunkelheit" oder „Don't let my love grow cold"

Frauke Eicker

Heavens Power - eine starke Verbindung

Beten heißt, an die Kraftquelle Gottes angeschlossen zu sein.

Römer 12,1+2; Jesaja 48,1b; 1.Thessalonicher 5,16-18

Einführung

Strom ist ja gerade schwer in der Werbung: Habt ihr die von Yello Strom schon gesehen, oder kennt ihr Aqua Power...? Auch schon mal was von Heavens Power gehört? – Heavens Power, der Strom, der zwischen uns und Gott fließt. Heavens Power, unser Beten zu Gott. Wenn wir mit Gott reden, dann sind wir bei ihm im Netz, und deshalb ist das Gebet auch so eine Art Messanzeige dafür, wie stark unsere Verbindung zu Gott ist. In der Bibel heißt es: „Seid allezeit fröhlich, betet ohne Unterlass, seid dankbar in allen Dingen; denn das ist der Wille Gottes in Christus Jesus an euch." (1. Thessalonicher 5, 16-18). Ohne Unterlass! Wer so etwas von sich gibt, ist entweder verrückt oder er hat wirklich eine starke Verbindung zu Gott: eben Heavens Power!

1. Geschichte: „Anbetung"

Ein Mann kommt an einer Kirche vorbei, in der gleich ein Gottesdienst beginnt. Er geht hinein und hat wirklich eine gute Anbetungszeit. Der einzige Haken: Keine zwölf Leute waren im Gottesdienst. Als er vom Küster gefragt wird, wie der Gottesdienst war, sagt er: „Schön, wirklich! Schade nur, dass so wenig Besucher da waren, um Gott anzubeten." Daraufhin der Küster: „Stimmt natürlich, aber wissen Sie, unsere Anbetungszeit hängt nicht von der Anzahl der Besucher ab." Peinlich berührt verabschiedet sich der Mann.

Übertragung

Anbetung ist mehr als ein tolles Gefühl. Sie ist eine Haltung! (vgl. Römer 12,1+2) Im Jesajabuch heißt es: „Hört dies, ... die ihr nach dem Namen Israels heißt ...; die ihr schwört bei dem Namen des Herrn und den Gott Israels bekennt, aber nicht in Wahrheit und Gerechtigkeit" (Jesaja 48,1b). – Damit sind auch wir heute gemeint, denn moderner übersetzt könnte das heißen: „Ihr tragt den Namen Christen, ihr geht zum Gottesdienst, ihr bekennt euch an der Schule, im Alltag zu Gott; aber rechnet ihr wirklich auch mit ihm?" - Wie schnell geht genau das verloren. Der Strom ist da: Heavens Power, nur ich zieh immer wieder den Stecker raus. – Dabei müssen wir bei Gott überhaupt keinen Strom sparen!

2. Geschichte: „Erhörtes Gebet"

Ein Missionsarzt in Afrika bringt jede Woche die Einnahmen seines Krankenhauses in die Stadt. Als er an einem Morgen einen Patienten behandelt, fragt dieser ihn: „Warum waren denn vor einer Woche zwölf bewaffnete Männer bei Ihnen, als Sie die Einnahmen des Krankenhauses in die Stadt brachten?" – „Bewaffnete Männer? Da waren keine dabei." – „Doch, ich habe sie genau gesehen und zwei Freunde auch!" – „Da müssen Sie sich irren!" Im Gespräch kommt heraus, dass die Männer den Arzt überfallen wollten. Als der Arzt einige Wochen später in seine Heimatgemeinde zurückkommt und dort die Story erzählt, merkt der Pastor auf: „Wann sagst du, war das? An diesem Tag haben wir für dich gebetet! Wie viele bewaffnete Männer waren das noch mal?" Als der Pastor die Gemeinde fragt, wie viele an diesem Tag für den Arzt gebetet haben, stellt sich heraus, es waren genau zwölf!

Übertragung

Gebet ist nicht immer so spektakulär. Aber Gott kann viel bewirken. Nur glaube ich das? In der Schule, wo mich welche blöd anmachen, oder im Sportverein, wo sie sich über mich lustig machen, weil ich Christ bin. – Gott kann es sogar schaffen, dass genau diese Leute das nächste Mal im Jugendkreis auftauchen! Gott kann es, wenn er will. Er hat die Macht, und wir dürfen ihn darum bitten. Darum: Nutzt die Heavens Power – egal wo ihr seid.

Patrick Will

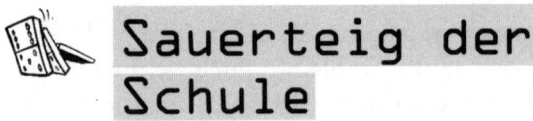

Sauerteig der Schule

Christen sind der „Sauerteig der Schule". Sie sollen dort nicht „versauern", sondern die Schule wie ein Sauerteig durchdringen.

Matthäus 13,33

1. Gottes Macht ist anders

Das Gleichnis vom Sauerteig ist ein Reich-Gottes-Gleichnis. Es geht hier um eine Herrschaftserklärung, also um Macht. Auch in der Schule dreht sich vieles um Macht: wer bringt die besten Leistungen? Wer hat die besten Markenklamotten? Wer tritt am lautstärksten auf? Jeder will, auf seine eigene Art, seine Macht beweisen.

Doch Gottes Macht kommt anders. Das kleine Fitzelchen Sauerteig ist gerade kein Zeichen von Stärke und Gewalt!

2. Gottes Macht ist nichts Spektakuläres

Weil jeder sein Brot selbst gebacken hat, gab es damals in Israel Sauerteig in jedem Haushalt. Man setzte den Teig an, ließ ihn im Wasser aufgelöst gären und dann „reifen". Jesus gebraucht hier als Bild für den Bau des Reiches Gottes also ein ganz alltägliches und völlig unspektakuläres Bild.

3. Gottes Reich braucht seine Zeit

Auch das Tempo der Gottesherrschaft ist wie das des Sauerteigs: langsam, aber unaufhaltsam und durchdringend! Christen wissen von Gottes Reich und dass Gott auch an der Schule die Macht hat. Sie brauchen sich deshalb nicht ständig unter „Aktions-Stress" zu setzen, sondern sie können sich als „Durchdringer" mit der Botschaft Gottes an ihrer Schule sehen.

4. Christen leben in aktiver Geduld

Die Geduld eines Sauerteigs ist keine passive Haltung im Sinne von „Abwarten und Tee trinken": Sollen doch andere oder Gott selber das erledigen ... Sauerteig sein an der Schule ist ein aktives Warten. Ich kann nicht im Schulalltag nur so dahindümpeln, sondern ich muss mich bewusst den Herausforderungen des Alltags mit Jesus stellen – auch wenn das oft einen ganz schön langen Atem braucht!

Konkret heißt das:
- offen und unverkrampft von meinem Glauben an Jesus reden;
- mit offenen Augen durch die Schule gehen und meine Mitschüler als Menschen wahrnehmen, die Gott genauso liebt wie mich;
- nicht als „frommer Einzelgänger" auftreten, sondern Freundschaften leben – auch mit denen, die keine Christen sind.

5. Es gibt keinen Grund zum Versauern

Während versauerte Milch nur noch zum Wegschütten taugt, gibt Sauerteig einem Brot erst den richtigen Geschmack. Auch wenn Christ sein an der Schule oft schwer fällt, wenn sich lange Zeit nichts verändert, gibt es für uns keinen Grund zum Versauern. Wir sind und wir bleiben der gute Geschmack, den die Schule nötig hat – auch wenn das viele anders sehen!

6. Das Kleine wirkt Großes

Christen sind an der Schule die Minderheit, und deshalb liegt die Frage nahe: Was sollen wir denn schon als Christen bewirken? Jesus macht durch das Gleichnis vom Sauerteig deutlich, dass etwas ganz Geringfügiges das Große und Ganze durchdringen und beeinflussen kann. Der Sauerteig beginnt an einer Stelle zu wirken und durchdringt doch mit der Zeit die ganze Masse. – Christen werden immer in der Minderheit sein – aber ihre Existenz verändert die ganze Welt! Die entscheidende Frage an uns heißt daher: Wo kann ich heute anfangen, im Kleinen etwas zu bewirken?

Zum Weiterdenken
Wer sagt denn, dass die verändernde Kraft des Sauerteigs immer nur die brauchen, die Jesus noch nicht kennen? Es gibt auch Christen, die sich einfach nicht trauen, an der Schule zu ihrem Christsein zu stehen. Kennst du welche? Dann ermutige sie, dass auch sie als Sauerteig leben und nicht versauern!

Michaela Lorenz

Zeuge sein

Zeugen sollen nicht sagen, was sie vermuten, sondern was sie selbst erlebt, gesehen oder gehört haben.

Impuls 1: Das Salz in der Suppe

Matthäus 5,13

„Und ich halte die ganze Aktion immer noch für sinnlos! Tja, wenn wir mehr Salzkörner hier wären! Aber so? In dem riesigen Suppentopf fallen wir doch gar nicht auf. Meiner Meinung nach kann das nicht unsere Aufgabe sein!" – „Nun mal sachte", sagte das alte Salzkorn. „Natürlich, im Vergleich zum Gemüse in der Suppe sind wir winzig. Aber wir können der ganzen Suppe Würze geben!" – „Muss ich denn auch mitmachen?", fragte ein schüchternes Salzkorn. „Ich trau mich nicht, ich möchte lieber hier im Salzstreuer bleiben, auf mich wird es nicht ankommen!" – „Quatsch!", sagte das alte Salzkorn, „es geht nicht darum, hier im Salzstreuer mit den anderen Salzkörnern hochgeistige Gespräche zu führen. Du sollst salzen!" – „Jetzt mal langsam", rief ein Salzkorn von unten, „reicht es nicht, wenn wir eins von uns, sozusagen als Botschafter, in die Suppe schicken?" – „Ja klar, ein Korn, das sich dazu berufen fühlt!" – Jetzt ging die Stimmung hoch. – „Warum kommt die Suppe nicht in den Salzstreuer?" – „Ja, die Suppe ist uns hier herzlich willkommen!" – „Die Suppe ist so nass!" – „Im Gemeindebrief steht doch alles über uns drin!" – „Den Jugendgottesdienst können doch die Pfarrer vorbereiten." – „Ruhe!", brüllte ein Salzkorn aufgeregt. „Hört mir mal zu, so kommen wir nicht weiter. Es ist die Kraft von uns allen nötig. Wenn ihr wartet, bis die Suppe in den Salzstreuer kommt, wartet ihr, bis Jesus wiederkommt. Erinnert euch bitte an unseren Auftrag. Wir sollen salzen. Wozu sind wir sonst da?!" Und noch während ein eigenartiges Schweigen herrschte, fühlten sich die Salzkörner hochgehoben. Alle, die ihre Aufgabe erkannt hatten, ließen sich fallen. – Es wurde eine sehr gute Suppe!

Zum Nachdenken
„Ich frage mich vieles, vor allem das eine: Wie ist es möglich, dass Millionen Christen diese Welt so wenig zu verändern vermögen, eine Welt des Terrors, der Unterdrückung, der Angst." (Heinrich Böll)

Impuls 2: Zeugen für Jesus

 Apostelgeschichte 1,1-11

Überlegungen zum Bibeltext
Damit wir den Auftrag, Zeuge zu sein, ausführen können, sind wir mit dem Heiligen Geist ausgestattet. Für das Wort „Kraft" steht im griechischen Text „dynamis", von dem unser Fremdwort „Dynamit" abstammt.

Die Kraft des Heiligen Geistes ist nicht nur dazu da, um uns ein gutes Gefühl zu geben, sondern mit dieser Kraft sollen wir Jesus bezeugen. Dazu ist es nicht notwendig, den Auferstandenen gesehen zu haben, sondern an diese Stelle tritt der Heilige Geist.

Anregungen zum Gespräch
- Was hast du schon mit Jesus erlebt?
- Wie kannst du diese Erlebnisse deinen Freunden erklären?

 Folgendes Nietzsche-Zitat auf einen Bogen Papier schreiben und am Ende der Andacht in die Mitte legen oder an der Wand aufhängen; oder an die Tafel schreiben und am Ende der Andacht die Tafel aufklappen:
„Zeigt mir, dass ihr erlöste Menschen seid, und ich werde an euren Erlöser glauben." (Friedrich Nietzsche)

Fritz Ludwig Otterbach

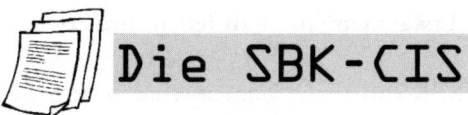

Die SBK-CIS

Vier Andachten zu den Zielen eines Schuelerkreises

Vorbemerkung
In der Wirtschaft gibt es die „Corporate Identity Strategie" (CIS = Strategie für eine gemeinsame Identität). Sie klärt die Fragen: Wer sind wir und was wollen wir? – Hier ist eine Art „SBK-CIS", mit der ihr euch die Ziele und Aufgaben eines Schülerbibelkreises (SBK) neu bewusst machen könnt.

1. Wer wir sind: Die Gemeinschaft der „Schul-Heiligen"

 Wir gehören im SBK zusammen, weil wir zu Jesus gehören – trotz unterschiedlicher Gemeinden und Glaubenserfahrungen.

 Römer 12,4-5 und 15,7

Gott hat uns verschieden geschaffen. Es gibt keine Einheitschristen. Wir brauchen einander in unserer Unterschiedlichkeit und sollen uns hier ergänzen (Römer 12,4-5). So wie Jesus Christus uns mit unseren ganzen Eigenartigkeiten angenommen hat, so sollen auch wir Christen einander in Liebe annehmen (Römer 15,7).

 Jeder bringt einen für sich typischen Gegenstand mit und sagt etwas dazu. Alle hören zu, kommentieren aber nicht.

51

2. Was wir wollen - das Erste: Gemeinschaft leben und erleben

 Wir wollen im SBK christliche Gemeinschaft leben; d.h. wir machen einander Mut zum Glauben und zum Christsein an der Schule.

 1. Korinther 12,26-27; Philipper 4,6

Als Christen sind wir aufeinander angewiesen (1.Korinther 12,26-27). Allein (und ohne Gottes Hilfe) würde niemand von uns überleben. Es ist gut zu wissen, dass wir füreinander da sein und uns mit Rat, Tat und Gebet zur Seite stehen können – gerade auch an der Schule! Mit allen Dingen, also auch mit den oft so verhassten „Schul-Dingen" dürfen wir zu Gott kommen und ihm das sagen, was uns gerade beschäftigt (Philipper 4,6).

 - Jeder schreibt seine (schulischen) Gebetsanliegen für die nächste Woche auf einen Zettel. Die Zettel werden eingesammelt. Jeder zieht einen und betet für diese Anliegen (in der Gebetsgemeinschaft oder zu Hause).
- Macht eine „Fächerbörse", bei der jeder sowohl die Fächer nennt, in denen er anderen Hilfe geben kann, als auch die, in denen er selbst Hilfe braucht.

3. Was wir wollen – das Zweite: Gemeinsam für andere beten

 Der SBK existiert zum Wohl der ganzen Schule und nicht nur als Privatclub für Christen. Darum beten wir für unsere Schule.

 1. Mose 18,16-33; Markus 2,1-12

Abraham lässt bei Gott einfach nicht locker mit seinem Bitten für andere Menschen – und Gott geht tatsächlich darauf ein (1.Mose

18,16-33). ... Wie die Männer im Vertrauen auf Jesu Macht ihren Freund zu ihm bringen und Jesus ihn wegen ihres Glaubens heilt (Markus 2,1-12), so kann Jesus auch heute noch Menschen verändern, wenn wir sie (im Gebet) vor ihn bringen.

- Konkret für Mitschüler, Lehrer, Hausmeister, Aktionen, „Klima" an der Schule beten.
- Als SBK eine Karte schreiben (z.B. an die Direktorin, den Hausmeister) und sich für die Unterstützung des SBK bedanken.

4. Was wir wollen – das Dritte: Anderen Gutes tun und sie zu Gott einladen

Der SBK ist Licht der Schule. Durch uns als SBKler will Gott an der Schule sichtbar und spürbar wirken und unsere Mitschüler ansprechen.

Matthäus 5,14-16; 2.Korinther 5,20

Christ sein kann auf die Dauer nicht unentdeckt bleiben; Christen sind aber keine radikalen Brandstifter, die alles einfach niederfackeln, sondern Orientierungs- und Hoffnungslichter für ihre Mitmenschen bzw. Mitschüler. Als Gottes Botschafter an der Schule (2.Korinther 5,20) sollen wir die gute Nachricht von seiner Liebe, die unser Leben verändert hat, an alle um uns weitergeben.

Raum verdunkeln und die Andacht bei Kerzenlicht halten.

Markus Ocker

Farbe fuers Leben

Vier Andachten zu den Farben Blau, Rot, Gruen und Weiss

Gott ist für unsere Augen nicht zu sehen. Aber mit Hilfe von Farben können wir Gottes Wesen und Eigenschaften gleichnishaft beschreiben.

Vorbereitung

Dekoriere den Raum in den jeweiligen Farben der Andacht. Bringe mit Lebensmittelfarbe gefärbtes Gebäck oder Getränke mit.

1. Andacht: „Blau"

Gott ist uns Menschen treu. Darum können auch wir ihm und anderen Menschen treu sein.

Psalm 25,10

Einführung

Eine Eigenschaft Gottes kann man mit der Farbe Blau umschreiben: seine Treue. Blau steht für die unendliche Treue Gottes. So weit der blaue Himmel ist, so unendlich die weiten blauen Meere scheinen, so weit ist auch die Treue Gottes zu seinen Menschen.

Das Besondere an Gottes Treue ist, dass er nicht nur in guten, sondern auch in schlechten Zeiten zu mir hält. Wenn es im Jugendkreis mal nicht läuft, wenn sich Leute darüber lustig machen, wenn ich nicht klarkomme in der Schule oder zu Hause, in diesen Momenten, wo ich mich echt schlecht fühle und Gott nicht spüre, da kann ich mir sicher sein: Gott ist treu, daran ändern auch meine

Probleme nichts. Gott ist nicht weniger oder mehr da als vorher. Der Grund für eine schlechte Situation liegt nicht an Gott, sondern meistens bei uns Menschen: Wenn z.b. ein Kind sauer, traurig oder aufgeregt ist, dann kann das an den Eltern des Kindes liegen, muss es aber nicht. Vielleicht hat das Kind auch nur gerade ein Fußballspiel verloren, sich mit einem Schulfreund gestritten oder sich über einen Lehrer geärgert. Solche Belastungen des Lebens einfach auf die Beziehung zu Gott zu übertragen, ist Gott gegenüber nicht fair. Er bleibt uns treu, egal wie wir uns fühlen!

Das ist sehr ermutigend, denn ohne Treue funktioniert keine Beziehung. Auf treue Freunde kann ich mich verlassen. Häufig merken wir erst in schlechten Zeiten und wenn wir selber nicht mehr viel geben können, wer wirklich zu uns steht und wer die „wahren Freunde" sind - z.b. wenn man lange schwer krank ist ... Gott ist solch ein „wahrer Freund", der treu zu mir steht, auch in schlechten Zeiten, wenn ich mehr bitte und klage als danke und lobe. Gottes Treue ist so weit wie das blaue Meer!

Frage: Wo kann ich heute treu sein?

 Wenn du heute irgendwo etwas Blaues siehst, dann denk an die Treue Gottes!

 „Nähme ich Flügel der Morgenröte"; „Herr, deine Güte reicht so weit"

2. Andacht: „Rot"

 Gottes Liebe zum Menschen ist so groß, dass er bereit ist, dafür zu leiden. Der liebende Gott ist ein leidender Gott.

 Johannes 3,16

55

Einführung

Eine andere Eigenschaft Gottes kann man mit der Farbe Rot umschreiben. Rot steht für Liebe, aber auch für „Leiden"-schaft. Viele Rosen sind rot, und rot ist auch die Flüssigkeit, die uns in jeder Sekunde am Leben hält: das Blut.

Durch Jesus Christus zeigt Gott uns Menschen, dass seine Liebe keine vergängliche oder oberflächliche Liebe ist. Obwohl wir Menschen uns immer wieder von Gott abwenden, obwohl unsere Sünde die Beziehung zu Gott immer wieder schwer belastet, kämpft Gott dennoch um uns: aus Liebe und mit Leidenschaft. Er ist bereit, sein eigenes Blut zu opfern und sein Leben hinzugeben – allein aus Liebe zu uns Menschen! Hier ist Gott ein „wahnsinnig" verliebter Gott, der tut, was dem Verstand nach total unvernünftig ist. Rot steht für das Blut Jesu am Kreuz. Rot steht für den leidenden Gott, der bereit war, für uns Menschen den Tod auf sich zu nehmen. Rot steht für die bedingungslose Liebe Gottes zu den Menschen.

Frage: Wo kann ich heute leidenschaftlich lieben?

 Wenn du heute irgendetwas Rotes siehst, dann denk an die leidenschaftliche Liebe Gottes.

 „There is a redeemer"

3. Andacht: „Grün"

 Die Hoffnung auf Gott und das ewige Leben verändern schon jetzt hier auf dieser Welt meine Einstellung zum Leben.

 Psalm 40,5a

Einführung

Eine weitere Eigenschaft Gottes kann man mit der Farbe Grün umschreiben. Grün ist die erste Farbe der Natur. Grün steht für Wachstum und Leben. Grüne Blätter produzieren Sauerstoff. Sie geben uns damit das Gas, das uns am Leben erhält. Ein grüner Wald lässt uns aufatmen und tief durchatmen.

Grün steht für Hoffnung. Wenn im Frühling ein Baum wieder frische grüne Blätter hervortreibt, dann kann man auf mehr hoffen. Dann weiß man: Der Baum hat den Winter überlebt, und wenn er schon Blätter hervorbringt, dann wird er auch noch Früchte hervorbringen. Grüne Blätter stehen für die berechtigte Hoffnung auf mehr.

Genauso geht es mir, wenn ich auf Jesus sehe. Durch ihn ist das Reich Gottes angebrochen und zu einem großen grünen Baum geworden. Dadurch kann ich beruhigt hoffen, dass aus diesem Reich Gottes die Frucht des ewigen Lebens für mich erwächst. Diese berechtigte Hoffnung kann schon hier und heute mein Leben verändern. Denn egal, was mir zustößt, egal, was für ein Chaos mein Leben trifft, am Ende kommt Gott und setzt ein dickes Plus vor die Klammern meines Lebens. Auch wenn wir ständig mit Defiziten leben und unterm Strich für uns nur ein Minusbetrag rauskommt, Gott verwandelt unser Minus in ein Plus: in ein ewiges, gutes Leben bei ihm.

Frage: In welcher Situation hilft mir die Hoffnung auf Gott, mein Leben leichter zu nehmen?

 Wenn du heute etwas Grünes siehst, dann denk an das große Plus, das durch Gott vor deinem Leben steht!

 „Wir werden sein wie die Träumenden"

4. Andacht: „Weiß"

 Weil Gott vollkommen ist, darum ist es mir möglich, in meinem Lebenswandel auch immer vollkommener zu werden.

 Matthäus 5,48

Einführung
Die wichtigste Eigenschaft Gottes kann man mit der Kontrastfarbe Weiß umschreiben. Weiß ist die Summe aller Farben. Wenn man alle Farben auf einer Scheibe nebeneinander anordnet wie Tortenstücke und diese Scheibe dann sehr schnell dreht, dann sieht man Weiß. Weiß beinhaltet alle anderen Farben.

Genauso ist es bei Gott. Er vereint alle Eigenschaften in Perfektion in sich. Er ist allwissend, allgegenwärtig, allmächtig, ewig, unendlich. Gott ist vollkommen!

Weil nun Gott alle Farben und Eigenschaften des Lebens beinhaltet, können auch wir immer vollkommener werden. Aber Vorsicht: Das ist nicht wieder ein neuer Leistungsdruck wie z.B. in der Schule mit den Noten. Wenn wir uns an dem vollkommenen Gott orientieren, dann wird er in uns wirken. Er ist „voll-im-Kommen" und nicht wir selbst. Er lässt uns teilhaben an seiner farbenfrohen Vollkommenheit, und dadurch können wir ein gutes und vollkommenes Verhalten an den Tag legen.

Frage: Wo möchte ich vollkommener werden?

 Wenn du heute „Weiß" siehst, dann denk daran, dass Gott in dir „voll-im-Kommen" sein möchte.

Alexander Schulz

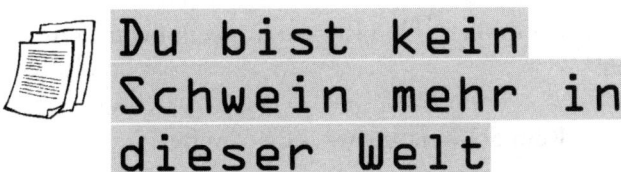

Du bist kein Schwein mehr in dieser Welt

Vier Andachten zum Kein-Schwein-mehr-Lebensstil im Philipperbrief

„Schwein sein?" – die Erste

Jesus hat den „Kein-Schwein-mehr-Lebensstil" vorgelebt. Darum können auch wir so leben.

Philipper 1,27a und 2,6-8

Einstieg

„Du musst ein Schwein sein in dieser Welt" (Die Prinzen). An der Tafel in Tabellenform Vorteile „Schwein sein" – Vorteile „Kein Schwein sein" aufschreiben.

Input

Philipper 1,27a: Paulus meint ernsthaft, dass die Christen in Philippi und auch noch wir heute als „Nicht-mehr-Schweine" leben können. – Wieso? Weil wir den kennen, der den „Kein-Schwein-mehr-Lebensstil" verwirklicht hat. Jesus lebte vor, wie ein Leben aussehen kann, das nicht nur um sich selbst kreist.

Philipper 2,6-8: Dass Gott uns so dient, ist die gute Nachricht des Tages. Und das ist so kraftvoll, dass es mich und dich zu Menschen macht, die den „Kein-Schwein-Lebensstil" von Jesus heute verwirklichen können. Die gute Nachricht von Jesus reicht nicht nur zu deiner Rettung, sondern auch dazu, dass du den neuen Lebensstil in die Schule trägst.

Schluss
Satz an der Tafel enthüllen „Du bist kein Schwein mehr in dieser Welt – leb es!"

„Kein Schwein mehr" – die Zweite

 Das Herz bei denen haben, die es brauchen.

 Philipper 2,1

Einstieg
Du bittest die Zuhörer, dir einen Geldschein mit möglichst hohem Wert zu geben. Du bedankst dich und steckst den Geldschein plump in dein Portmonee.

Dann startest du eine Diskussion: „Wem gehört dieser Geldschein? – Mir! – Denn er befindet sich in meinem Portmonee!" – Ziel der Diskussion: Sich klar werden, dass dieses Geld und überhaupt alles, was wir haben, nur geliehen ist.

Input
Eigentlich gehört alles Gott. Aber er vertraut dir und mir im Laufe des Lebens unheimlich viel Geld und Besitz an. Er tut das zum einen, weil er es einfach gut mit uns meint. Zum anderen vertraut Gott uns Geld an, damit wir es weitergeben, wo es nötig ist.

Paulus macht in Philipper 2 den „Kein-Schwein-mehr-Lebensstil" konkret: Zu Christen gehört Barmherzigkeit. Wo haben wir unser „Herz bei den Armen" (= Barmherzigkeit)? Wie viel gebe ich regelmäßig ab? Und, damit Barmherzigkeit konkret wird: Wer kennt ein Projekt, das man gemeinsam monatlich unterstützen könnte? Wie viel würde jeder geben?

 Nicht vergessen, am Ende der Andacht das Geld zurückzugeben!

„Kein Schwein mehr" – die Dritte.

 Habt Mut zum Dienen und zur Zivilcourage

 Philipper 2,3

Input

Philipper 2,3: Ziemlich heftig, was Paulus den Christen zutraut! Wer schafft das? – Einer, der seinen Wert nicht erst beweisen muss. Z.B. jemand, der erkennt, wie viel er Gott wert ist: Gott ist so begeistert von mir, dass er für mich in den Tod geht!

Wenn du Gott das persönlich glaubst, merkst du, dass du seine VIP bist. Dann brauchst du nicht mehr darum zu kreisen, dass alle erkennen, wie toll du bist. Denn du hast deinen Wert. Du bist Wer. Philipper 2,3 wird möglich.

Erklärung zu „Demut": Das griechische Wort hat nichts mit furchtsamem Buckeln zu tun, sondern meint etwas sehr Aktives: den Mut, dem anderen zu dienen um des anderen willen. Das kann nur einer mit Rückgrat!

Ein modernes Wort für „Dien-Mut" ist Zivilcourage. Als Beispiel dafür kannst du eine Filmszene aus „Auf der Flucht" mit Harrison Ford erzählen: Unter Lebensgefahr zieht er einen Verletzten aus einem Buswrack, das auf Eisenbahnschienen gestürzt ist – und im Hintergrund rast ein Zug heran.

Demut wird oft im Kleinen bewiesen – und ist dort genauso wichtig!

Schluss

Schreibt euch während einer Minute Stille auf, bei wem ihr heute den Mut zum Dienen zeigen wollt. Betet füreinander und erzählt nächste Woche eure Erfahrungen.

„Kein Schwein mehr" – die Vierte

 Für Jesus leiden ist nichts Außergewöhnliches.

 Philipper 1,28-30

Einstieg
Erzähle von einer Situation, in der du als Christ Spott für dein Verhalten geerntet hast und wie das frustet.

Input
Wenn wir den „Kein-Schwein-mehr-Lebensstil" verwirklichen, werden wir sinnvoll leben – so wie es sich der Schöpfer ausgedacht hat. Das ist super! Aber Paulus verschweigt nicht, dass es in dieser Welt Gegenwind gibt, wenn jemand den Jesus-Stil lebt.

Philipper 1,28-30: Wenn wir Spott ernten, weil wir unser Geld nicht in eine CD, sondern in Ausbildungsangebote für indische Straßenkinder stecken oder weil wir dem Klassenaußenseiter dienen, dann ist das kein Zeichen zur Entmutigung. Es ist ein Zeichen, dass wir auf dem richtigen Weg sind (V.28). Paulus freut sich, dass Glauben ein Geschenk Gottes ist. (V.29). Aber er überrascht mit der Feststellung, dass Leiden für Christus ein noch größeres Geschenk ist!

Wenn du wegen Jesus Probleme bekommst, ist das kein Grund zum Frust oder zur Panik, sondern Zeichen, dass du auf dem richtigen Weg bist. Jesus nachfolgen heißt auch, ihm beim Leiden für Gott zu folgen!

Wer dem Leiden für Christus nicht ausweicht, gewinnt Festigkeit und Gotteserlebnisse!

 Du kannst noch auf die Glaubenserlebnisse von Paulus in Philippi eingehen (V.30). Sie stehen in Apostelgeschichte 16.

Erik Neumann

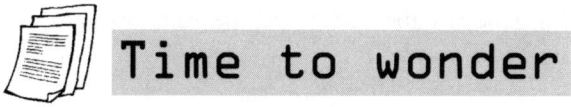

Time to wonder

Drei Andachten ueber Wunder

Vorüberlegungen zum Thema
Manchmal erhört Gott Gebete auf ganz *wunderbare* Weise. In der Bibel finden wir darüber viele Geschichten. Vielleicht können sie helfen, die Wunder, die Gott auch in deinem Leben tut, zu entdecken. Viele Leute meinen ja, dass die wissenschaftliche Klärung eines spektakulären Wunders beweist, dass es gar kein Wunder war ... Aber das Faszinierende an Gottes Wundern ist ja, dass seltsame Dinge zu einer bestimmten Zeit an einem bestimmten Ort vor bestimmten Leuten und *zu einem bestimmten Zweck* passieren. Ob ich den Vorgang an sich später einmal wissenschaftlich untersuchen und erklären kann, spielt hierbei keine Rolle – es bleibt doch *wunderbar*!

1. „Ein Wunder kommt selten von allein"

Jesus übersieht kein Gebet – aber wir übersehen leicht die Antwort darauf.

Lukas 5,17·24

Einstieg
♫ „Wunder gibt es immer wieder" (Guildo Horn)

Guildo singt zwar hier nicht ausdrücklich von Wundern, die Gott an uns tut, aber er hat Recht: Wunder gibt es immer wieder; sie gehören nicht nur in die Zeit der Bibel. Aber übersehen wir nicht leicht „wunderbare" Gebetserhörungen, weil wir längst vergessen haben, worum wir gebetet haben oder weil die Antwort ganz anders ist als erwartet?

Gedanken zum Text
Es wird von niemandem eine Bitte ausgesprochen, aber Jesus sieht ins Herz der Menschen und erkennt die Bitte um Heilung und Gesundheit. Und er erfüllt die Bitte – aber wie! Indem er Sünde vergibt und so das Verhältnis zwischen Gott und dem Menschen wieder heil macht. Jesus sieht, wo das eigentliche Problem steckt, und antwortet darauf. Jesus hat die Macht, Leben im Kern zu ändern, ewiges Leben zu schenken. Der Gelähmte hat sich sicher sehr *gewundert,* was da mit ihm vorgeht ...

Später tut Jesus noch etwas, das auf den ersten Blick als das größere Wunder erscheinen mag: Er heilt den Mann von seiner Lähmung.

Zum Nachdenken
Über welches der beiden Wunder hat sich dieser Mann wohl mehr gefreut?

2. „Gleich zwei Wunder auf einmal!"

 Wir können alles von Gott erwarten.

 Matthäus 14,22-33

Einstieg
Fülle zwei Gläser mit Wasser und gib in eines davon einige Tropfen Geschirrspülmittel. Stelle dieses Glas vor einen Mitschüler, und bitte ihn, eine Büroklammer auf dem Wasser zum Schwimmen zu bringen. Es wird nicht funktionieren. Nun senkst du vorsichtig eine Büroklammer in dein Glas hinab (am besten mit Hilfe einer

Gabel) – Aufgrund der Oberflächenspannung bleibt sie oben auf dem Wasser liegen!

Gedanken zum Text
Die Oberflächenspannung trägt zwar eine Büroklammer, aber einen Menschen leider nicht. Da ist es ziemlich ver*wunder*lich, wenn hier von Leuten berichtet wird, die auf dem See rumspazieren. Dass Jesus über das Wasser läuft ist zwar seltsam, aber nicht der Schwerpunkt der Erzählung. Petrus hat viel mit Jesus erlebt und traut ihm alles zu, deshalb bittet er darum, auch auf dem Wasser laufen zu können. Als Jesus ihn ruft, läuft er fröhlich und in festem Glauben auf den See hinaus – das Wunder wird Wirklichkeit!

Doch er kommt in Not und hat Angst, als er feststellt, dass er doch eigentlich gar nicht auf dem Wasser laufen kann. Jesus rettet ihn vor dem Ertrinken und fordert bedingungsloses Vertrauen: Warum hast du gezweifelt?

Leben mit Gott erfordert Vertrauen in Gottes Möglichkeiten und darauf, dass er es gut meint mit uns. Dann können wir alles von ihm erwarten.

3. „Wunderbar!"

Es ist gut, wenn wir persönliche Erfahrungen mit Gott weitergeben.

Apostelgeschichte 3,1–11

Einstieg
Erzähle etwas „Wunderbares", das du mit Gott erlebt hast – wo er dir in einer schwierigen Situation geholfen hat, dich getröstet hat, dir für eine Aufgabe Mut gemacht hat oder dir eine ganz neue Erfahrung mit ihm geschenkt hat.

Gedanken zum Text

Der Gelähmte erlebt ein Wunder. Er erwartet ein Almosen und empfängt körperliche Heilung im Namen Jesu. Da hält ihn nichts mehr. Voller Freude springt er auf seinen Füßen durch den Tempel – er nutzt seine neuen Fähigkeiten! – und lobt Gott. Er weiß genau, wem er die Heilung verdankt, und bringt seine tiefe Dankbarkeit ungeniert zum Ausdruck. Vor allem aber lässt er auch die anderen Leute teilhaben an seiner Freude und dem Wunder, das Gott an ihm getan hat. – Und die Leute? Sie sind tief berührt, kommen ins Nachdenken: Wer ist wohl dieser Jesus, in dessen Namen so etwas passiert?

Zum Nachdenken

Du musst nicht jedem die Einzelheiten deines Lebens auf die Nase binden. Wenn du aber deine Lebenserfahrungen mit anderen teilst, wird für sie Gott in deinem Leben sichtbar. Gerade bei Mitschülern, die nicht an Gott glauben, prägen sich persönliche Erfahrungen, von denen du erzählst, am stärksten ein!

Leben mit Gott erfordert Vertrauen in Gottes Möglichkeiten und darauf, dass er es gut meint mit uns. Dann können wir alles von ihm erwarten.

 „Wer Gott folgt, riskiert seine Träume"

Juliane Waldminghaus

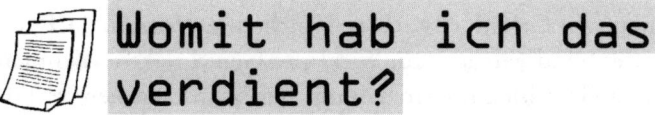

Womit hab ich das verdient?

Fuenf Andachten zu Josef

1. Womit hab' ich das verdient

   1.Mose 37,1-11

Einstieg

„Womit hab ich das verdient, dass der mich so blöde angrient?"
(Herbert Grönemeyer).

Neid und Überheblichkeit liegen oft nah beieinander und wirken zerstörerisch auf unsere Beziehungen. An einer zerbrochenen Tasse können wir sehen, wie unsere Beziehungen – auch die zu Gott – gebrochen sein können. Klebt man alles wieder zusammen, besteht zwar wieder die alte Form, doch die Risse bleiben. Nur ein neues Gefäß sieht wirklich „ganz" aus.

Gott will nicht nur die „Risse" kleben, er möchte unser Leben ganz neu machen! Bei Josef tut er es auf seine Art. Auf langem Weg beginnt Gott mit Josef und seiner Familie eine Heilsgeschichte. Am Ende wird ein „neues Gefäß" entstehen: das Volk Israel.

   Eine zusammengeklebte Tasse mitnehmen.

2. Alles hat seinen Preis

   1.Mose 37,12-35

„Liebe macht blind." Aber noch blinder macht Hass! Josefs Brüder hatten manchen Grund, das „Vatersöhnchen" zu hassen, doch der Hass hat sie blind gemacht für wirkliche Gerechtigkeit. Wo man die Gerechtigkeit hinauswirft, kommt der Schrecken herein! Für die Brüder ein Schrecken ohne Ende, denn sie müssen ihren Hass mit einer Lüge bezahlen. Jakobs Trauer ist unendlich groß, und die Brüder müssen mit der Lüge leben.

Doch Josefs Spuren verlaufen sich nicht im Wüstensand. Ihm bleiben zwar Schmerz und Erniedrigung nicht erspart, aber er hält an Gott fest und erfährt, wie der ihn durch die Wüste führt.

 Zum Schluss das Gedicht „Spuren im Sand" von Margaret Fishback-Powers vorlesen.

3. Der Preis ist heiß

 1.Mose 39

Einstieg

Einen Zipfel oder ein Taschentuch in die Mitte legen.

„Und der Herr war mit Josef, so dass er ein Mann wurde, dem alles glückte" – Schwein gehabt!? Wieder wird Josef ein „Rock" zum Verhängnis. Die Frau von Potiphar beschuldigt ihn aus verletztem Stolz, er sei ihr „an die Wäsche gegangen". – Hat Gott ihn fallen gelassen? Belohnt Gott so Treue und Gehorsam? Die Geschichte geht weiter: Josef befindet sich nicht auf dem Abstellgleis, sondern er wird vorbereitet für eine viel größere Aufgabe. Gott hat sich zu Josef gestellt. Nicht in Glanzzeiten werden wir zu Persönlichkeiten geprägt, sondern oft in den Tiefen des Lebens.

 Flicken, Taschentücher oder kurze Stricke austeilen. Jeder soll dann über sein Leben nachdenken und Knoten für die Punkte machen, wo Gott ihn geprägt und durchgetragen hat.

4. Auf Heller und Pfennig

 1.Mose 45

Alles zurückzahlen! – das ist unser Begriff von Gerechtigkeit. Es wäre doch nur gerecht, wenn Josef sich das von seinen Brüdern zurückzahlen ließe, was sie ihm angetan haben. Doch Josef weiß, am Schluss geht diese Rechnung bei Gott nicht auf. Er weiß, dass es auch hier nur den Weg der Versöhnung gibt. Versöhnung hat menschlich ihren Preis: Für die Brüder ist es die Erkenntnis ihrer Schuld.

Zum Merken
Gott hat für unsere Schuld einen hohen Preis bezahlt. Der Preis für die Versöhnung der Menschen ist das Sterben von Jesus am Kreuz.

5. Hab' ich das verdient?

 1.Mose 50,20

Einstieg
Noch mal die Lebenslinie von Josef aufzeigen.
Im Rückblick sieht Josef sein Leben nicht als Tragödie, sondern er erkennt die Segenslinie Gottes. Das kann doch auch uns ermutigen, unser Leben ebenfalls unter die Führung Gottes zu stellen – der Gott, der sogar „auf krummen Linien gerade schreibt"!

Zum Nachdenken
Womit hab' ich das verdient, dass denen, die Gott lieben, alle Dinge zum Besten dienen werden (frei nach Römer 8,28)?

Michaela Lorenz

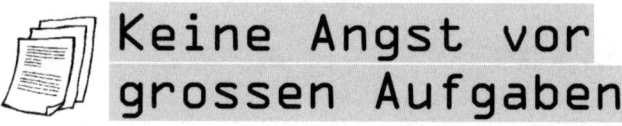

Keine Angst vor grossen Aufgaben

Fuenf Andachten zu Josua

Im Vergleich mit anderen Christen kommen wir uns manchmal unscheinbar vor. Trotzdem kann uns Gott für große Aufgaben gebrauchen!

Info

Josua lebte um etwa 1300 v. Chr. Sein Name ist Programm: „Josua" ist die hebräische Kurzform von „Jehoschua" – „Gott ist Heil und Rettung"; die griechische Kurzform heißt „Jesus". Als junger Mann war Josua beim Auszug des Volkes Israel aus Ägypten dabei. Während der 40 Jahre in der Wüste bekam er schon einige kleinere Aufgaben. Er erlebte hier immer wieder hautnah die Ängstlichkeit der Israeliten mit. Mit 70 Jahren wurde er an der Grenze zum versprochenen Land von Mose als sein Nachfolger eingesetzt. Das war eine ziemlich große Aufgabe: Josua sollte das Volk aus der Wüste in das versprochene, aber von anderen Völkern besetzte Land führen. Er erledigte diese Aufgabe – oder besser gesagt: Gott schenkte ihnen das Land. Josua starb im Alter von 110 Jahren.

1. Keine Angst vor neuen Aufgaben –
Gottes große Versprechen

Der Hauptgegner Josuas vor der neuen Aufgabe war seine Angst. Aber Gott gibt ihm gute Gründe, die Angst zu überwinden.

Josua 1,1-18

Gott selbst hat Josua beauftragt (V.1-2). Gott erneuert sein Versprechen (V.3-5). Gott war Mose treu und wird auch Josua treu sein (V. 5-6). Josua hat Gottes Wort. Daran kann er sich festhalten. Josua traut Gott und fängt gleich an (V.10-18).

Anwendung für uns heute: Bange machen gilt nicht. Auch uns gibt Gott gute Gründe gegen die Angst vor großen Aufgaben. Was sind solche Gründe?

2. Keine Angst vor Überraschungen – Gottes außergewöhnliche Mitarbeiter

 Josua muss die neue Aufgabe nicht allein lösen, sondern Gott stellt ihm gewöhnliche und außergewöhnliche Mitarbeiter zur Seite.

 Josua 2,1-24

Josua geht nicht selbst nach Jericho, sondern er delegiert diese Aufgabe an Kundschafter. In Jericho hat Gott selbst alles vorbereitet. Die Mitarbeiter treffen auf offene Türen – an einer überraschenden Stelle: in einem Bordell! Die Prostituierte Rahab hilft ihnen. Im Neuen Testament wird erwähnt, dass diese Prostituierte Rahab eine Vorfahrin von Jesus ist (Matthäus 1,5).

Anwendung für uns heute: Wo unterstützt Gott uns im Alltag/ in der Schule durch andere Menschen? Mit welcher Hilfe haben wir nie gerechnet?

3. Keine Angst vor großen Schwierigkeiten – Gottes verrückter Plan

 Josuas neue Aufgabe stellt ihn vor große, fast unlösbare Probleme. Die Antwort kommt von Gott selbst: Josua braucht „nur" Gott zu folgen.

Josua 3

Bei der Eroberung Jerichos verlangt Gott von Josua viel Geduld. Indem das Volk Gott gehorcht, machen sie sich vor anderen lächerlich. Am Ende schenkt Gott ihnen die Stadt und bewahrt die Prostituierte Rahab.

Anwendung für uns heute: Wo gibt es in unserem Leben Schwierigkeiten, die wir von uns aus nicht lösen können? Was sagt uns Gott? Was machen wir, wenn andere wegen unseres Glaubens über uns lachen?

4. Keine falschen Spielchen – Gott nimmt uns ernst!

 Gott ist gerecht, deshalb ist mit ihm nicht zu spaßen, sondern er nimmt unser Verhalten ernst.

 Josua 7

Dies ist eine der schwierigsten Geschichten im Josuabuch. Hier wird uns der Ernst Gottes vor Augen gemalt: Gott lässt nicht mit sich spielen! – Für uns als Christen ist es gut zu wissen, dass Jesus selbst die Strafe für uns getragen hat.

5. Am Ende des Lebens – Gottes Zusage hat gehalten

 Am Ende meines Lebens werde ich feststellen, dass Gott sich in allem zu mir gestellt hat. Auch mitten im Leben kann ich Gottes Treue feiern.

 Josua 23

Gottfried Bormuth

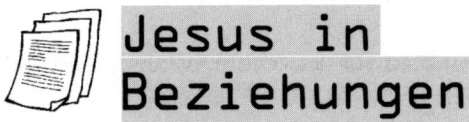

Jesus in Beziehungen

Vier Andachten zum Thema Familie, Lehrer, Freunde und Gott

Jesus ist nicht der abgehobene Gottessohn, der keine Ahnung hat, was bei uns in Beziehungen so abgeht. Jesus hatte eine Familie, hatte mit Lehrern zu tun, hatte Freunde und brachte diese Beziehungen auch noch unter einen Hut mit seiner Beziehung zu Gott.

1. Jesus allein zu Haus

Jesus setzt in der Familie Prioritäten.

Lukas 3,41-51

Gedanken zum Text
Viel wissen wir ja nicht über Jesu Kindheit und Familie. Aber das, was wir wissen, ist ganz schön heiß. Da macht sich der kleine Jesus einfach allein auf den Weg in den Tempel – weil er „dort sein muss, wo es um Gottes Sache geht" (V.49). Die Eltern verstehen in dieser Situation nur Bahnhof und können nicht nachvollziehen, wieso ihr Junge so reagiert. Wieder zu Hause in Nazareth fügt Jesus sich aber ganz selbstverständlich ein.

Das Setzen von Prioritäten hat er jedoch beibehalten. Als später einmal seine Mutter samt Geschwistern bei ihm auftaucht und etwas von ihm will, sagt er ganz klar: „Was wollen die denn? Meine Familie, das sind die, die an Gott glauben und Gottes Willen tun" (Markus 3,31-35).

2. Jesus und die Lehrer

 Jesus nimmt kein Blatt vor den Mund, wenn es um Gottes Sache geht.

 Lukas 11,37-42

Einstieg
Zettel mit Aufschrift: „Ich sage nur, was meinem Image und den Noten gut tut."

Gedanken zum Text
Diese Pharisäer, mit denen Jesus immer wieder zu tun hatte, waren die „Relilehrer" des Volkes. Jesus geht auf sie ein, diskutiert und isst sogar mit ihnen. Aber wo es um ihre gesetzliche Art zu glauben geht, „redet er mit ihnen Klartext". Wenn es um Gott geht, lässt Jesus nichts Falsches stehen. Er hält nicht den Mund, sondern bekennt Farbe, auch wenn er dafür „Kopf und Kragen" riskiert.

Zum Nachdenken
Bei uns heute ist es auch immer wieder dran, Sachen richtig zu stellen, wo der Glaube an Gott falsch verstanden und gelehrt wird. Sind wir auch so mutig wie Jesus?

3. Jesus und seine Freunde

 Für seine Freunde hat Jesus Zeit.

 Markus 4,33-41

Gedanken zum Text
Seine Freunde waren immer mit Jesus unterwegs und bekamen alles hautnah mit. Jesus selbst legte auch großen Wert auf die Beziehung zu ihnen:

- er nahm sie zur Seite, um ihnen manches genauer zu erklären (V.34),
- er nahm sich Zeit mit ihnen weit ab von der Menge (V.35),
- er wies sie manchmal zurecht (V.40),
- und sie erlebten, wie Gott durch ihn wirkte (V.39).

Jesus hat in diese kleine Gruppe viel investiert. Er sah das nicht als Zeitverschwendung an, sondern lebte die Beziehungen bewusst als Freundschaft, so wie er auch uns heute als Freund begegnen will.

4. Jesus und Gott

 Die wichtigste Beziehung für Jesus ist die Beziehung zu Gott.

 Lukas 6,12; Johannes 5,19+20

Gedanken zum Text
Jesus und sein Daddy:
- die wichtigste Beziehung in Jesu Leben, in die er am meisten investiert hat
- er suchte ganz bewusst das Gespräch mit seinem Vater (Lukas 6,12),
- er wusste: Ich kann und bin nichts, wenn nicht mein Vater mir zeigt, was ich machen soll (Johannes 5,19+20),
- und deshalb tat Jesus genau das, was er vom Vater hörte und sah.

Zum Nachdenken
Wie sieht meine Beziehung zu Gott aus? Was investiere ich an Zeit und Energie für Gott und was in andere Dinge? Was würde es für mich bedeuten, nichts aus mir selber zu tun, sondern nur das, wozu ich von Gott den Auftrag kriege?

Frauke Eicker

Im Auftrag des Herrn unterwegs

Sechs Andachten zur ersten Missionsreise des Apostels Paulus

 Von den ersten Christen lernen, was alles zu einem Leben mit Jesus dazugehört.

Vorbereitung: Die Stationen der Reise (Zypern/Türkei; Apostelgeschichte 13-14) auf einer Karte einzeichnen. Aus Urlaubskatalogen Fotos dieser Gegend ausschneiden und auf die Karte kleben.

1. Station: Antiochien

 Beten ist „gefährlich"

 Apostelgeschichte 13,1-3

Hauptgedanke
Nach Gottes Willen leben und auf Gottes Stimme hören heißt für Paulus nicht, die Hände in den Schoß legen und abwarten, bis Gott spricht, sondern Gottesdienst feiern (= „dienen") und um Gottes Willen beten (= „fasten"). Gott sendet die Menschen, die sich ihm zur Verfügung stellen.

 „Nimm mein Leben, nimm es ganz"; „Jesus, ich will gehn, sende mich".

2. Station: Zypern

Jesus ist der Herr

Apostelgeschichte 13,4-12

Info

Zur Zeit des Paulus gab es viele reisende Wundertäter (V.6) und Prediger mit Heilsbotschaften, denen man aber wenig Glauben geschenkt hat. Viele Menschen sahen in den christlichen Missionaren auch solche „Wanderprediger", und das Evangelium („Gute Nachricht") der Apostel setzten die meisten mit den unterhaltsamen, aber wenig glaubwürdigen „guten Nachrichten" dieser Wanderprediger gleich.

Hauptgedanke

Ein hoher römischer Beamter wird Zeuge, dass Jesus mächtiger ist als die Weltanschauungen jener Tage, und kommt zum Glauben (V.12).

Zum Nachdenken

Was unterscheidet die Berichte über Jesus in den Evangelien von einem Märchen?

3. Station: Antiochien in Pisidien

Freispruch vor Gott

Apostelgeschichte 13,13-52

Hauptgedanke

Jesus macht uns frei (V.38-39) von dem Gesetz und von unserer Vergangenheit (Schuld). Wir brauchen und wir können uns den

Weg in den Himmel zu Gott nicht durch gute Werke erarbeiten! Allein der Glaube an Jesus macht uns gerecht vor Gott (Römer 3,28; 5,1)!

 „Wo ist solch ein Gott".

4. Station: Ikonium

 Christ sein ist kein Spaziergang

 Apostelgeschichte 14,1-7

Einstieg
Wo werde ich wegen meines Glaubens verspottet oder ausgegrenzt?

Hauptgedanke
Wer seinen Glauben an Jesus bezeugt, muss mit Anfeindungen und Leiden rechnen (V.4-5). Jesus hat nie versprochen, dass Christen immer auf der Sonnenseite des Lebens stehen und überall Lob und Anerkennung finden.

Zum Nachdenken
Wo stehe ich in der Gefahr, es mir in meinem Christsein zu bequem zu machen – z.B. nicht zu meinem Glauben zu stehen oder mich nicht für andere einzusetzen?

5. Station: Lystra

 Gott ist gut

 Apostelgeschichte 14,8-20

Einstieg

Auf ein Plakat schreiben, mit was uns Gott jeden Tag beschenkt. –
Das sind Spuren des Segens und der Güte Gottes (V.16-17).

Hauptgedanke

Gott öffnet uns die Augen für sein (oft unscheinbares) segnendes
Handeln und seine große Güte. Er schenkt uns die ganze Welt,
und wir dürfen sie dankbar von ihm nehmen. Undankbarkeit gegenüber dem Schöpfer ist Unglauben (Römer 1,19-24).

„Ich trau auf dich, o Herr", „Gott ist gut"

Gebetsgemeinschaft: In kurzen Sätzen sagen wir Gott,
wofür wir ihm danken.

6. Station: Antiochia

Gottes große Taten erzählen

Apostelgeschichte 14,26-28

Hauptgedanke

Wieder zurückgekehrt erzählt Paulus „seiner" Gemeinde von den
großen Taten Gottes (V.27) und stärkt so den Glauben der Christen an Jesus (Psalm 9,2-3).

Gestaltungsvorschlag

Erzählt einander, was ihr in der letzten Zeit mit Gott erlebt habt –
nicht um euch selbst hervorzuheben, sondern um gemeinsam Gott
zu preisen!

„Erzählt von der Größe Gottes unsres Herrn".

Thomas Drumm

Missionarische Andachten

Hier geht es um Leute, die sonst nicht so viel mit Bibelworten und Jesus am Hut haben. Mit diesen Andachten könnt ihr eure Freunde, Mitschüler, Arbeitskollegen ... zum Nachdenken über ihr Leben herausfordern. – Traut euch einfach und ladet sie offen und ohne Druck dazu ein, Jesus kennen zu lernen!

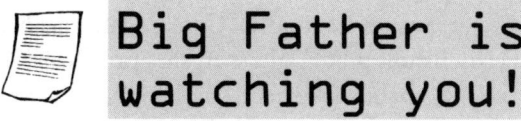

Big Father is watching you!

Anders als bei Big Brother oder sonst in unserer Gesellschaft können wir Menschen bei Gott nur gewinnen: das wirklich volle, pralle Leben.

Johannes 10,10 und 14,6

Big Brother – die bekannteste Fernsehshow im Jahr 2000 und Fortsetzung folgt: Zehn Menschen leben zusammen im Big Brother-House, doch alle zwei Wochen muss einer gehen.

„Leb' so, wie du dich fühlst, leb' dein Leben so, wie du selber nur willst. Lieb', und du wirst geliebt. Das Wunder geschieht, weil es dich gibt" – der Titelsong hört sich ziemlich dynamisch an. Da kommen voll die gute Stimmung und überzeugende Lebenswerte rüber: Ehrlichkeit: *„die Welt liegt dir zu Füßen, wenn du ehrlich bist"*; Einzigartigkeit: *„vergiss niemals: du bist ein Einzelstück"*; Toleranz gegenüber anderen Menschen, denn *„wir alle sind gleich"*. – Da kann doch niemand was dagegen haben. Solche Leute braucht das Land.

„Leb' so, wie du dich fühlst, leb' dein Leben so, wie du selber nur willst. Lieb', und du wirst geliebt. Das Wunder geschieht, weil es dich gibt" – schon absurd, dass dieses Wunder bei Big Brother gerade nicht geschieht. Wer dort genau so lebt, „wie er sich fühlt und wie er selber will", muss damit rechnen, dass er ganz schnell ausgemustert wird. Die Botschaft der Spielregeln von Big Brother ist eigentlich voll übel, denn sie lautet: Wenn du nicht so bist und lebst, wie wir es uns vorstellen, entfernen wir dich einfach von der „Fernseh-Bildfläche"! Einer ist zwar am Ende Sieger, aber neun bleiben auf der Strecke.

Genau betrachtet ist Big Brother nicht nur ein Spiel, sondern eher ein Spiegel, der zeigt, wie es in unserer Gesellschaft zugeht. Auch außerhalb der Fernsehshow gibt es dieses Ausleseprinzip. Was ist mit denen, die das Ziel nicht erreichen: das Klassenziel, den Abschluss der Ausbildung, den tollen Beruf, die Traumfrau, den Traummann? – Die sind out!

Wir Menschen finden andere Menschen oft nur wegen ihrer Stärken toll. Doch bei Gott ist das anders! Gott liebt uns auch mit unseren Schwächen. Bei ihm muss niemand die fette Show liefern, um akzeptiert zu sein. – Das ist der große Unterschied des christlichen Glaubens zu allen anderen Religionen! Und das hat Jesus persönlich vorgelebt und weitergesagt.

Er hat gesagt: *„Ich bin der Weg, die Wahrheit und das Leben ... Ich bin gekommen, damit die Menschen das volle, pralle Leben bekommen können"* (Johannes 14,6; 10,10). Anders als bei Big Brother ist das Lebenskonzept von Jesus kein Spiegel der damaligen Gesellschaft, sondern Jesus ist ein Spiegel der Liebe Gottes. So wie Jesus gelebt und seine Mitmenschen geliebt hat, so ist Gott. Jesus hat die Looser sogar gesucht und es deutlich gesagt, dass es unter uns kein Ausmusterungsverfahren geben darf.

Zu so einem Leben und dieser Liebe zu anderen lädt Jesus auch uns heute noch ein, wobei das nicht immer so ganz einfach ist! Unsere Gesellschaft ist stark von diesem Ausleseprinzip geprägt. Man muss als Christ oft gegen den Mainstream schwimmen. Es braucht Mut, an der Schule den Mitschülern zu sagen und vorzuleben: „Du kannst aus dem Big-Brother-Prinzip ausbrechen. Nicht: Big Brother is watching you. Sondern: Big Father is loving you!" – Das ist die gute Nachricht, die jeder Mensch unbedingt hören muss. Bei Gott können wir nichts verlieren, sondern nur gewinnen. – Nicht diese Viertel Million Big-Brother-Prämie, sondern viel, viel mehr: Das volle, echte Leben, das nur Gott uns geben kann!

 Titelsong „Leb!" (Die 3. Generation) vor der Andacht kurz anspielen, nach der Andacht ganz.

Markus Ocker

Der Super-Tausch

Jesus bietet uns einen genialen Tausch an, bei dem er zwar schlecht wegkommt, aber wir unsere ganze Schuld und Sünde loswerden.

Philipper 2,6-8

Vorbereitung: Plakate schreiben: „Tausche Designerjeans gegen Arbeitshose!" „Tausche Luxusvilla gegen Sozialwohnung!" „Tausche Konzertkarte gegen Kassette!" „Tausche Gottes-Nähe gegen Menschen-Nähe!"

Einstieg
Zeitungsannoncen (am besten etwas „abgedrehte") mit „Suche ...", biete ..." oder „Tausche ..." vorlesen. Oder: Etwas, das man selbst eintauschen möchte, mitbringen und den Zuhörern anbieten.

Andacht
„Tausche Designerjeans gegen Arbeitshose!" (Plakat in die Mitte legen oder aufhängen) Nur ein Dummer würde auf diese Idee kommen! Okay, manchmal ist so ein Tausch ja nicht ganz schlecht – kommt drauf an, worauf ich gerade stehe und was „in" ist. Aber wäre ein Tausch in Sachen Lebenssituation oft nicht viel dringender als das Tauschen von irgendwelchem Klimbim? Am liebsten würden wir doch tauschen, wenn es im Leben (in Familie, Clique oder Schule) wieder nicht so gut läuft. Tauschen macht nur Sinn, wenn das andere begehrenswerter ist als das, was wir haben.

Aber wird man durch Tauschen automatisch immer glücklicher? Was machen wir, wenn wir plötzlich merken: Dieser Tausch war gar kein so cleverer Schachzug, sondern eher ein mieser Kuhhandel? Oder wenn es heißt: vom Umtausch ausgeschlossen?

In der Bibel wird auch von einem voll üblen Tauschgeschäft erzählt, an dem sogar Jesus beteiligt war. Der Grund: Er hat gesehen, wie wir Menschen uns seit Adam und Eva mit unseren Problemen und Nöten herumschlagen. Und weil Jesus das nicht mehr länger ansehen konnte, hat er sich wohl auf den miesesten Handel eingelassen, den wir uns denken können.

„Tausche Luxusvilla gegen Sozialwohnung!" (Plakat) Jesus tauschte den Himmel gegen ein Leben auf unserer Erde ein. Obwohl er Gott in allem gleich war und überall mitreden und entscheiden konnte, gab er seine „Chef-Stellung" auf. Was ihn in dieser Welt erwartete, war das krasse Gegenteil. Jesus wurde freiwillig ein Mensch in dieser Welt und teilte das Leben mit uns Menschen.

„Tausche Konzertkarte gegen Kassette!" (Plakat) Konzert und Kassette – ein himmelweiter Unterschied. Doch genau so einen schlechten Tausch ist Jesus eingegangen! Jesus hat es getan, weil er uns liebt. Und diese Liebe zeigt er nicht nur aus der Ferne, sondern er kommt uns ganz nah, mitten hinein in unsere Welt, in deine ganz persönliche Situation. Genau für unsere Not und Schuld ließ sich Jesus unschuldig verurteilen, damit wir zu Gott kommen und leben können! – Ist das nicht ein super Angebot! Wenn du diesen Tausch annimmst, d.h. Jesus in dein Leben einlädst und ihm deine Not und Schuld bringst, dann wirst du erfahren, wie Jesus ist und wie er in deinem Leben handelt.

„Tausche Gottes-Nähe gegen Menschen-Nähe!" (Plakat) Ein unglaublicher Tausch! Jesus verließ die Nähe Gottes, damit wir in seine Nähe kommen können. Er erlebte, was es heißt, unverstanden zu sein, um uns besser verstehen zu können. Er erlebte Einsamkeit, Traurigkeit, Angst und Not, um uns besser helfen zu können. Er kam in eine Welt voll Trostlosigkeit, um uns seinen Trost weiterzugeben. Er wurde verurteilt, damit wir von Schuld freigesprochen werden können. Er starb, damit wir leben. Jesus ist auferstanden, damit wir mit ihm in der Herrlichkeit bei Gott sein werden.

Michaela Lorenz

Jesus und die Soaps

Das Leben mit Jesus bietet viel mehr als die schönste Soap: Er ist der einzige Freund, auf den ich mich wirklich verlassen kann und der immer zu mir hält.

„Unter uns gesagt: Meine Daily Soap schaue ich in guten wie in schlechten Zeiten. Es passiert einfach immer so viel. Und selbst im Urlaub auf Mallorca verzichte ich nicht drauf. Komme, was wolle, um 17.55 Uhr sitze ich vor der Kiste. Und dann darf mich keiner stören!"

10 Millionen Zuschauer schauen täglich „ihre" Daily Soap: Marienhof, Unter uns, Verbotene Liebe und natürlich GZSZ. Klar, dass bei den Quoten selbst Ex-Bundespräsident Herzog und Kanzler Schröder schon mitgespielt haben. Über 1300 Mal „Verbotene Liebe" haben wir hinter uns. Im Jahr 2000 konnten wir auch das 2000. Mal GZSZ erleben, und ein Ende ist nicht abzusehen.

Egal, wie man dazu steht: Soaps sind Trendsetter. Sie haben immer aktuelle Themen und Musik. Und es ist keine Seltenheit, dass sie Bands zum ersten Erfolg verhelfen: z.b. „Oli P." oder „Caught in the Act". Grund genug also zu fragen: Was würde Jesus zu den Soaps sagen – und auch zu den Menschen, die sie täglich schauen?

Würde Jesus die Soaps radikal verbieten, Zensur üben? Oder würde er sich mit uns vor die Glotze hocken? Schwierige Frage! Jesus ist Trends und aktuellen Fragen nicht aus dem Weg gegangen. Er hat immer zeitgemäße Storys erzählt, mit denen sich jeder identifizieren konnte. Vielleicht würde er heute sagen: „Klasse, dass da aktuelle Themen behandelt werden, die jeden betreffen können: zerbrochene Beziehungen, Leben mit AIDS, Freundschaften zu Homosexuellen, Intrigen, aber auch Zusammenhalt von Freunden und von Familien. In einigen Punkten kann man da echt was lernen. Die Folgen von Unehrlichkeit und Untreue werden oft klar aufgezeigt. Und es gibt sogar Typen, die zu ihren Fehlern stehen,

Verantwortung für ein Kind übernehmen, statt Abtreibung zuzulassen. – Schade ist nur, dass es immer irgendwie gut ausgeht, und auch dass die Beziehung zu mir darin überhaupt nicht vorkommt."

„Aber gerade weil es immer wieder gut ausgeht, schauen wir uns doch die Soaps an, Jesus!" –

„Ja, das ist der springende Punkt: Weißt du, wenn die Daily Soap zum „Daily Dope" wird, zum Verdrängungsmittel gegen den Erlebnisfrust im Alltag, dann tust du dir damit nichts Gutes. Die Soaps sind absolut kein Ersatz für eigene soziale Kontakte, auch wenn die Soap-Stars ihre Gefühle und ihren Charakter viel besser und offener zeigen als deine Mitschüler. Und die Schauspieler sind leider kein Familienersatz, auch wenn das in den Fan-Magazinen so rüberkommt. Die Soap-Familie trägt dich nicht in wirklich schlechten Zeiten! Und selbst wenn du das Parfum „Set" von GZSZ trägst, wirst du deswegen noch nicht denselben Erfolg haben wie Kai, oder die Probleme so lösen können wie Flo. Was du brauchst, sind wirkliche, echte Freunde!"

„Aber wenn ich die nicht habe, Jesus?" – „Doch, einen hast du auf jeden Fall: mich! Lass dich doch einfach mal auf die Freundschaft mit mir ein, und dann wirst du bald merken, dass das Leben mit mir echt abgeht und Tiefgang hat!"

 Macht doch mal eine Andachtsreihe im Schülerkreis über GZSZ. Man kann darüber diskutieren, ob die Storys realistisch sind, oder: Was würden wir tun, wenn einer von uns plötzlich Vater wird, oder wenn jemand AIDS hat? Wer in Deutschstunden die Soaps zum Thema machen möchte, findet fertiges Unterrichtsmaterial im Internet unter: www.labi01.rz.fh-muenchen.de/mpaed/mh02-99/ dailysoap.html (Landesbildstelle Bayern).

Patrick Will

Kapier ich nicht!

Verstehen hat viel mit Interesse und Dranbleiben zu tun. Das gilt auch für das Leben mit Gott und das, was er uns in der Bibel dazu sagt.

Apostelgeschichte 8,26-39; 5.Mose 4,29

Einstieg
Auf den Boden Schulbücher und -hefte verstreuen und dazwischen, etwas versteckt, auch eine Bibel. Daneben liegt ein großer Zettel, auf dem steht: „Kapier ich nicht!"

Andacht
Das tägliche Brot eines Schülers: massig Stoff und ständig neue Informationen, die man verarbeiten muss – nur wie? Die einen packen alles voll locker und haben immer den Durchblick. Die anderen schreien, sobald was Neues kommt, sofort: „Kann ich nicht!", und geben auf! Da gibt es die Bücherbrüter, die nachmittageweise Sonderaufgaben lösen, und die „Kann-ich-nicht-Typen", die schon 'nen Fön kriegen, wenn sie nur eine Formelsammlung von weitem sehen.

Aber mal ehrlich: Ist das Verstehen eine Typ-Frage? Gibt es tatsächlich zwei Sorten von Menschen: die einen, die immer den Durchblick haben, und die anderen, die ständig in die Röhre gucken? Oder gibt es da noch was anderes, was unser Denken und Verstehen beeinflusst?

Nüchtern betrachtet hängt vieles mit unserem persönlichen Interesse zusammen: In die Dinge, die wir spannend finden, die uns neugierig machen, investieren wir auch mal 'ne Stunde extra. Und meistens kommt was dabei heraus, wenn wir nachhaken und nicht locker lassen, selbst wenn wir zuerst denken: „Das kapier ich nicht!"

So war es auch bei dem Typen, von dem ich euch heute erzählen will. Er hatte es ganz schön weit gebracht: Finanzminister war er und rundum glücklich – sollte man meinen. Aber der Mann war noch nicht zufrieden. Da gab es eine knifflige Frage in seinem Leben, die er noch nicht geklärt hatte. Die ließ ihn einfach nicht los. Und deshalb machte er sich auf den Weg. Irgendwas musste er ja tun. Von nichts kommt bekanntlich nichts. Er fuhr also in die Metropole, in der er sich eine Antwort erhoffte.

Ziemlich viel kriegte er dort in Jerusalem zu hören und zu sehen, doch auf dem Rückweg war seine Frage nach Gott und dem Sinn des Lebens leider immer noch nicht geklärt. Er hatte sich in Jerusalem extra ein schlaues Buch gekauft, aber sehr viel kapierte er darin nicht. Plötzlich sprach ihn unterwegs ein fremder Mann an und fragte: „Verstehst du eigentlich, was du da liest?" – „Ne, kapier ich nicht!", sagte der Finanzminister. „Wie soll ich das auch verstehen, wo es mir noch niemand erklärt hat!"

Da hatte er Recht: Wie soll man etwas verstehen, was einem keiner erklärt hat? Und die Bibel ist nun mal so ein Buch, zu dem man öfter mal eine Erklärung braucht. Aber: Zum Glück war unser Finanzminister gerade einem Fachmann begegnet. Gott hatte den extra vorbeigeschickt, und der konnte ihm ganz genau sagen, was es mit den „drei Unbekannten" auf sich hat: mit Gott, Jesus und dem Heiligen Geist. Und was die Bibel über ein erfülltes Leben sagt. Da fiel dann endlich der Groschen, und nach dieser „erleuchtenden Begegnung" reiste unser Typ mit frohem Herzen heim. Er wusste jetzt, dass er die Sache mit Gott und den Sinn des Lebens kapiert hatte.

Nicht immer geht es so schnell, bis wir das mit Gott oder manche Sätze aus der Bibel verstehen, aber es lohnt sich, hier nicht gleich aufzugeben. In der Bibel heißt es: *„Ihr werdet Gott finden, wenn ihr ehrlich und von ganzem Herzen nach ihm fragt"* (5. Mose 4, 29). – Also: „Kapier ich nicht!" gilt nicht, sondern: Nachhaken ist angesagt – bei Leuten aus dem Jugendkreis, in der Bibel und am besten noch bei Gott selber!

Frauke Eicker

Die dreckige Socke

Bei Jesus zählt nicht das „Im-Mittelpunkt-Stehen" oder das „Groß-Rauskommen", sondern der Dienst an den anderen!

Johannes 13,17; Lukas 22,24-27

Vorbereitung: Vor der Andacht eine richtig dreckige Socke anziehen.

Einstieg

Socke ausziehen und in die Mitte werfen. Frage: Wer von euch hat Lust, mir diese Socke zu waschen?

(Einen Moment das betretene Schweigen abwarten, dann:) Echt keiner? Niemand von euch hat Lust, die Socke zu waschen? Hätte ich vielleicht doch jemand anders fragen sollen.

Andacht

Ich kenne nämlich jemand, der macht das gerne. Der macht eigentlich den lieben langen Tag fast nichts anderes, als dreckige Sachen zu waschen. Ich meine übrigens nicht die Waschfrau, die kriegt nämlich Geld dafür. Der, den ich meine, der kriegt dafür keine müde Mark. Der ist sogar extra dafür gekommen, der geht außerdem nocht tiefer. Der begnügt sich nicht mit dreckigen Socken, sondern wäscht gleich die schmutzigen Füße. Ich kenne jemanden, der wäscht mir nicht den Kopf, sondern die Füße.

Der Einzige, der so etwas tut, ist Jesus! Ausgerechnet auf den Sohn Gottes passt diese Beschreibung. Der ist nicht als Gott auf die Erde gekommen, sondern als Mensch. Und er ist gekommen, um uns zu dienen, um uns die Füße zu waschen. Also eine Arbeit, die mir nicht im Traum einfallen würde.

Wisst ihr, warum er das tut? - Bestimmt nicht, weil er Fußschweiß gewöhnt war. Und auch nicht, weil die Füße der Jünger sauberer waren als hier meine Socken. Der Grund ist ein ganz anderer. In der Geschichte von der Fußwaschung steht am Anfang der Satz über Jesus „Wie er die Seinen geliebt hatte, die in der Welt waren, so liebte er sie bis ans Ende." Und dann steht Jesus auf und wäscht ihnen die Füße! Der wäscht dir die Füße, weil er dich liebt!

Und noch etwas wird dadurch deutlich (noch einmal die Socke in die Hand nehmen):

Frage: Wer wäscht denn in einem normalen Betrieb die schmutzige Wäsche? – Antwort: Die Waschfrau. – Frage: Und wer verdient in einem solchen Betrieb am wenigsten außer dem Zivi? – Antwort: Die Waschfrau.

So ist das bei uns Menschen normalerweise. Wer dient, der ist der Kleinste, den kann man mit einem Hungerlohn abspeisen. Der ist nichts wert. Bei Jesus ist das total anders: Der sagt zu seinen Jüngern: „Der Größte unter euch soll wie ein Diener sein!" Weil Jesus uns liebt und weil er der Größte in der Liebe ist, darum kann er dienen, darum ist er der größte Diener.

Und er gibt uns den Auftrag, jetzt so einander zu dienen, gerade wenn wir groß und wichtig sein wollen! Wenn du groß sein möchtest vor Gott – und ich muss sagen, ich möchte das gerne – dann gibt es nur einen Weg: den anderen dienen!

(An dieser Stelle könnte eine praktische Anwendung folgen, was das konkret in diesem Kreis bedeutet: z.B. haltet eine Minute Stille, in der jeder überlegt, was „dienen" für ihn konkret bedeutet.)

Und wie soll ich das jetzt schaffen? Eigentlich geht das viel zu sehr gegen meinen Stolz. Mit „Ärmel-Raufkrempeln" werde ich es nicht schaffen. Aber: Jesus ist die ganze Zeit damit beschäftigt, meine und deine schmutzige Wäsche zu waschen, weil er uns liebt. Deshalb: Schau ihm dabei zu, dann lernst du, wie es geht!

Ach ja, noch was: Wer würde denn jetzt gerne diese Socke waschen?

Andreas Spingler

Des Bastls neue Kleider

Nur Jesus kann aus uns voll neue Menschen machen.

Johannes 3,6-8

Vorbereitung: Knallige Klamotten besorgen, vor der Andacht anziehen (überzogen durchstylen!) und so reinkommen.

Andacht

Und, fällt euch nichts an mir auf? Letzte Woche habe ich mich kleidungsmäßig voll neu eingedeckt. Wenn ich mich jetzt im Spiegel anschaue, muss ich sagen: Nicht mehr wieder zu erkennen, der Bastl (eigener Name)! Der hat sich total verändert! Der ist ein ganz neuer, ein völlig anderer Mensch geworden!

Doch Moment mal: Ist der tatsächlich so cool und anders, wie er jetzt aussieht, oder ist er hinter diesen trendy „FILA-Chiemsee-fishbone"-Teilen nicht der gleiche geblieben (Klamotten langsam ausziehen)? Wenn man etwas genauer hinschaut, dann stellt man schnell fest: Der ist immer noch der Alte! Und innen drin hat sich durch diese Kleidungsstücke ebenfalls nichts verändert! - Ähnlich wie bei alten Fenstern: Bei denen ist manchmal das Holz morsch, ohne dass man das von außen sieht. Wenn man sie verspachtelt und frisch streicht, sehen die Fenster wieder wie neu aus, aber man kann das Holz immer noch mit dem Finger eindrücken. Solche Renovierungsarbeiten kann man sich sparen!

Wer meint, man bräuchte im Leben nur ab und zu wieder neue Farbe oder frischen Putz auf die Fassade draufhauen, in eine andere Rolle schlüpfen oder eine coole Maske aufsetzen, und schon ist alles ganz neu und anders, lügt sich in die Tasche. In der Substanz

93

ist man wie solche alten Fensterrahmen weiterhin der alte und immer noch morsch.

Es gibt Leute, die versuchen, sich durch einen besseren Lebenswandel zu verändern, und manche hängen sich auch ein frommes Mäntelchen um und denken, dass sie dadurch zu neuen Menschen werden. Doch diese ganzen Methoden funktionieren nicht! Wir Menschen können aus eigener Kraft nie richtig neu und total anders werden, sondern wir bleiben immer die Alten! – Aber: Wie kann ich mich dann überhaupt noch verändern? Wie kann ich wieder neu werden, wenn bei mir der Putz abblättert und auch sonst noch einiges in mir kaputt ist?

Das ist genau der Grund, weshalb Jesus auf die Erde kam: Er will uns zu neuen Menschen machen. Er möchte uns total entrümpeln und den ganzen Lebensmist wegschaffen – selbst Dinge, die ich ganz tief in mir verstecke und die nicht rauskommen sollen. Und auch das, was alles in mir kaputt und verletzt ist, will Jesus wieder heil und ganz machen. Er möchte mir nicht nur einen neuen Anstrich verpassen, sondern ein komplett neues Leben geben. – Doch wie geht das konkret?

Zu einem Mann, der ihn gefragt hatte: *„Wie kann ein Mensch nochmal neu geboren werden?"*, hat Jesus gesagt: *„Ein Mensch kann immer nur menschliches, vergängliches Leben zeugen; aber der Geist Gottes gibt das neue, das ewige Leben. Wundere dich deshalb nicht, wenn ich dir gesagt habe: Ihr müsst neu geboren werden. Es ist damit wie beim Wind. Er weht, wie er will. Du spürst ihn auch, aber du kannst nicht erklären, woher er kommt und wohin er geht. So kann man auch nicht erklären, wie diese Geburt aus Gottes Geist vor sich geht, obwohl jeder ihre Auswirkung spürt"* (Johannes 3, 6-8).

Wie diese Neugeburt genau passiert, lässt sich also nicht erklären, aber es gibt sie, und jeder der will, kann sie erleben und ihre Auswirkung spüren. Wenn du anfängst, ganz auf Jesus zu vertrauen, hat dein neues Leben bereits begonnen. Rede doch einfach mal mit Jesus darüber und bitte ihn um ein neues Leben – du bekommst es garantiert!

Sebastian Gläser

Christsein ist wie eine Ananas

 Wie bei einer Ananas hat das Leben mit Jesus zwar stachelige Herausforderungen, aber das Entscheidende ist, was drunter liegt: ein fruchtbares und gutes Leben.

 Apostelgeschichte 3,19

Vorbereitung: Eine stachelige Ananas besorgen; ein scharfes Messer, eine Schüssel (zum Abtropfen und für den Abfall) und Papiertücher zum Händeabwischen.

Einstieg
Die Ananas in die Mitte legen und die Frage stellen: „Was haben Christsein und diese Ananas gemeinsam?" – Nach einigen Antworten die Ananas durchreichen: Jeder soll sie in die Hand nehmen und die Stacheln spüren.

Hauptteil
Die Ananas kann man, außer an den grünen Blättern, nicht anfassen, ohne sich an einem dieser bösen Stacheln richtig weh zu tun. Doch um an das Fruchtfleisch zu kommen, muss man sie sehr fest anfassen. Dabei lässt es sich kaum vermeiden, dass man gestochen wird.

Ganz ähnlich ist das mit dem Christsein: Wenn man mit Jesus leben möchte und dazu in die Bibel schaut, stößt man auf so spitze Stacheln wie: *„Ändert euch von Grund auf und kehrt um zu Gott, damit er euch die Sünden vergibt!"* (Apostelgeschichte 3,19)

Da sitzt der Stachel: ändert euch! Gott will, dass sich in deinem Leben radikal etwas verändert und er darin einen Platz bekommt.

Er möchte, dass du nach ihm fragst und dass sein Wort – das, was in der Bibel steht – von dir ernst genommen wird.

Wenn du diesen Stachel anfasst und zulässt, dass Gott in deinem Leben ein Mitspracherecht bekommt, dann passiert genau das, was man dieser Ananas von außen auch nicht zutraut: Da kommt gute Frucht raus. Du bekommst ein Leben, in dem Gott auf deiner Seite steht. Gott will, dass dein Leben dir so süß schmeckt wie eine gute Ananas. (Ananas aufschneiden und verteilen).

Fritz Ludwig Otterbach

Ich glaubs oder ich glaubs nicht!

 Wir glauben oft an Dinge und Personen, obwohl wir sie nicht sehen können. Warum nicht auch an Jesus glauben?

 Johannes 4,42

Vorbereitung: Im Jugendkreis oder in der Schule zum Großen Gewinnspiel „Ich glaub's oder ich glaub's nicht" einladen.

Raum mit „Ich glaub's"- Graffiti von der EC-Aktion '97 und mit Plakaten gestalten. Auf dem Tisch liegen zwei DIN A4-Blätter mit der Aufschrift „Ich glaub's" bzw. „Ich glaub's nicht". Auf jedem Blatt ist ein Berg Gummibären.

Spielregel: Jeder Spieler bekommt zehn Gummibären, von denen eins als Minimum nach jeder Frage gesetzt werden muss. Wurde richtig getippt, wird der Einsatz verdoppelt. Sieger ist, wer am Ende die meisten Gummibären vor sich hat.

Das ganze als Show gestalten (Moderation; Assistent/in überwacht die Einsätze und behält die Gummibären im Auge).

Nach dem Spiel sofort die Andacht anschließen.

Die Fragen sind dem Spiel „Wahrheit oder Lüge" entnommen.

Quiz-Fragen

1. Der Brachiosaurus war ein so riesiger Dinosaurier, dass er ein Extragehirn im Schwanz hatte, um das Hinterteil seines Körpers zu bewegen. > Ich glaub's! Der Brachiosaurus war der größte Saurier mit etwa 75 Tonnen Gewicht.

2. Der römische Herrscher Tullus Hostilius hatte einen Papagei, der an Alkoholismus starb. > Ich glaub's nicht!

3. Verliert ein Shuttle-Astronaut während eines Spaziergangs im All den Halt, treibt er ewig ins Universum hinaus. > Ich glaub's nicht! Er bleibt auf gleicher Geschwindigkeit wie das Shuttle.

4. Ein Tierhändler in Dänemark wurde bestraft, weil er ein Känguru auf der Straße spazieren führte. > Ich glaub's! Das Gericht urteilte, dass es unangemessen sei, ein Känguru an der Leine zu führen, auch wäre es nicht an den Straßenverkehr gewöhnt.

5. Martin Luther war, bevor er Protestant wurde, praktizierender Buddhist. > Ich glaub's nicht!

6. Im Altertum wurden Dornen von Kakteen als Zahnstocher benutzt. > Ich glaub's nicht!

7. Auf jedem BigMac sind durchschnittlich 500 Sesamkörner. > Ich glaub's nicht! Es sind durchschnittlich 178 Körner.

8. Im Mittelalter umwarb ein Herr eine Dame beim Essen, indem er sie mit einer Gabel leicht in den Oberschenkel piekte. > Ich glaub's nicht! Im Mittelalter aß man mit den Fingern, Gabeln gab es nicht.

9. Ein kanadisches Ehepaar entging knapp dem Tod, als nachts ein gefrorener Urinblock durch die Decke ihres Schlafzimmers schlug. > Ich glaub's! Ein vorüberfliegendes Flugzeug verlor seinen Toilettenbehälter.

10. Agatha Christie lud oft ihre Freunde zu einem „Abend des Verbrechens" ein und testete ihre Geschichten an ihnen. Wer das Rätsel löste, durfte den Namen eines Mordopfers in ihrem nächsten Buch bestimmen. > Ich glaub's nicht!

11. Julius Cäsar verlängerte das Jahr 46 v.Chr. auf 445 Tage, weil er seinen Geburtstag nicht mehr im Winter feiern wollte. > Ich glaub's nicht! Cäsar hat zwar das Jahr verlängert, aber um den julianischen Kalender einzuführen, da die Jahreszeiten nicht mehr passten.

Andacht

Es gibt Dinge auf der Welt, die gibt's gar nicht! Aber woher weiß ich eigentlich, was ich glauben kann und was nicht? Woher wisst ihr, dass das stimmt, was ich euch gerade erzählt habe? Vielleicht hat ein BigMac doch eher 193 Sesamkörner statt nur 178 – zählt's beim nächsten Mal nach. Vielleicht findet ihr auch in dänischen Chroniken etwas über ein Känguru, das verbotenerweise an der Leine spazieren geführt wurde. Oder ihr glaubt mir einfach, dass das so stimmt – oder auch nicht!

„Ich glaube nur, was ich sehe", hört man häufig. Das ist aber ein ziemlich schwaches Argument. Vermutlich werde ich nie einem Brachiosaurus persönlich begegnen, und trotzdem glaube ich das mit dem zweiten Gehirn in der Schwanzspitze, weil Forschungen das bestätigen. Ich verlasse mich darauf, dass mir Wissenschaftler nichts Falsches erzählen.

Ähnlich ist es mit dem Glauben an Gott. Die Bibel berichtet von einigen Menschen, die auch nicht wussten, was sie nun glauben konnten und was nicht. Da erzählt ihnen eine Frau, sie habe einen getroffen, der sei kein gewöhnlicher Mensch, sondern der Sohn Gottes. Unglaublich, oder? Der Sohn Gottes draußen vor der Stadt – gibt's doch gar nicht!

Und was machen diese Menschen? Achselzuckend weitergehen? Tipps abgeben: Ich glaub's oder ich glaub's nicht? Nein, sie machen sich auf die Socken, gehen vor die Stadt und sehen: Was die Frau erzählt hat, stimmt! Und dann können sie sagen: *„Jetzt glauben wir nicht nur an Jesus, weil du uns von ihm erzählt hast. Wir haben ihn selbst gehört und wissen: Er ist wirklich der Retter der Welt"* (Johannes 4,42).

Genau das ist der Punkt. Wir brauchen nicht alles zu glauben, was uns die Leute erzählen, aber wir können hingehen und bei Jesus selbst nachfragen: Stimmt das, dass ich dir so unglaublich wichtig bin? Stimmt das, dass du für mich gestorben bist, damit mein Leben Sinn und Ziel hat über den Tod hinaus?

Geht nicht einfach achselzuckend weiter oder bleibt beim bloßen Spekulieren! Kein Mensch verlangt, dass ihr mir das abnehmt, nur weil ich euch das erzähle. Fragt selber nach: Jesus ist nur ein Gebet weit von euch entfernt – unglaublich, aber wahr!

Iris Frisch

Auf die Fuellung kommt es an!

 Jesus schenkt uns einen Lebensinhalt, der auch in Krisen besteht!

 Johannes 4,1-30

Materialien und Vorbereitung: Zwei Luftballons aus gutem Material, Streichhölzer und eine Kerze, eine Schüssel, einen Lappen zum Aufwischen. Einen der Luftballons in der vorherigen Pause mit kühlem Wasser füllen.

Experiment
Blase einen Luftballon vor den Augen der Jugendlichen auf und frage sie, was passiert, wenn du eine brennende Kerze unter den Ballon hältst. – Der Ballon platzt sofort. Demonstriere das!
   Danach kommt der mit Wasser gefüllte Ballon an die Reihe. Lass ihn von einigen betasten. Frage, was wohl geschieht, wenn du ihn über die Flamme hältst. Achte auf ausreichende Sicherheitsvorkehrungen wie: Schüssel richtig platzieren und Lappen auslegen. Halte dann die brennende Kerze unter den Luftballon. Da der Ballon durch das Wasser gekühlt wird, platzt er nicht!

 Probiere das Experiment vor der Andacht aus!

Übertragung
Es gibt Lebensinhalte, die nicht belastbar sind, wie der erste Ballon, und Lebensinhalte, die den Belastungen standhalten können, wie der mit Wasser gefüllte Ballon. Wir können strahlend ausse-

hen, luftig und leicht durch das Leben schweben, so wie der mit Luft gefüllte Ballon, aber bei aufkommenden Problemen, wenn wir z.b. von Freunden enttäuscht werden, versagen, Krankheit, Tod usw. zeigt sich die wahre Belastbarkeit. Welche Lebensfüllung wirklich taugt, merken wir meistens erst in Krisenzeiten – dann, wenn es „brenzlig" wird!

Konkretisierung
An dieser Stelle kann ein Jugendlicher ein Erlebnis erzählen: Wo hat Jesus mir in einer brenzligen Situation geholfen? Wo war er für mich wie das Wasser in diesem Ballon, der nicht geplatzt ist?

Biblischer Impuls
Als Jesus von Judäa nach Galiläa unterwegs ist, trifft er eine Frau, die wegen ihres ständigen Partnerwechsels voll verachtet wird. Niemand möchte etwas mit ihr zu tun haben. Jesus bietet dieser Frau einen neuen Lebensinhalt an. Er sagt: *„Wer von dem lebendigen Wasser trinkt, das ich ihm gebe, der wird nie wieder Durst bekommen. Dieses Wasser wird in ihm zu einer Quelle, die bis ins ewige Leben hineinfließt"* (Johannes 4,14).
Mit diesem lebendigen Wasser meint Jesus sich selbst. Er ist das lebendige Wasser! Und als dieses lebensnotwendige Wasser bietet er sich der Frau am Brunnen an – aber nicht nur ihr damals! Auch für uns heute gilt sein Angebot! Jesus möchte unser Leben ausfüllen, wie das Wasser den Luftballon ausfüllt, damit wir die Herausforderungen unseres Lebens bestehen.

Abschluss
Schreibe auf den mit Wasser gefüllten Ballon JESUS. Zum Abschluss bekommt jeder einen Luftballon mit der Aufschrift JESUS geschenkt.

 „All die Fülle ist in dir, o Herr"; „Ich habe Durst, ich hab' noch Träume"

Birgit Tiemann

Gemuesesuppe

 Wir sind das Salz der Schule, dann lasst uns auch so leben!

 Matthäus 5,13

Material: Ein Korb mit Zutaten und Geräten für eine Gemüsesuppe (Kochtopf, Kochlöffel, Brühwürfel, Gemüse, Kartoffel, Wasser, Mehl, Zwiebel, Knoblauch, etc.)

Einstieg
Korb auspacken und alle Zutaten einzeln auf den Tisch legen mit der Erklärung: „Ich habe euch alle Zutaten für eine Gemüsesuppe mitgebracht. Was denkt ihr, welche von den Zutaten wohl die Wichtigste ist?"
Wenn zuerst Wasser, Kochtopf etc. genannt werden, dann Frage so variieren, dass schließlich der Brühwürfel genannt wird (ist die Zutat, ohne die die Suppe nicht schmeckt ...).

Erklärung
Warum ist der Brühwürfel so wichtig? Weil darin das Salz ist. Ein Brühwürfel besteht zum größten Teil aus Salz. Das Salz ist nämlich eine ganz besondere Zutat. Obwohl es äußerlich betrachtet (der Menge nach) die kleinste Zutat ist, gibt es doch dem Ganzen den Geschmack. Ohne Salz gibt es zwar so etwas wie eine Suppe, aber essen möchte ich die nicht ... Salz ist offenbar ganz wichtig für die Suppe.
Frage: Stellt euch mal eure Schule als Gemüsesuppe vor. Wer, denkt ihr, wäre denn dann:
- der Kochlöffel?
- der Knoblauch?

(auf diese Weise alle Zutaten durchgehen und Personen/Gebäude zuordnen lassen.)

- zuletzt: Wer ist das Salz?

Hauptteil

Jesus sagt seinen Jüngern zu: Ihr seid das Salz der Erde (Matthäus 5,13 lesen lassen). Und ebenso sagt er uns heute zu: Ihr seid das Salz für die Schule. Ihr seid das Beste und Wichtigste im großen Zutatentopf der Schule. Auch wenn ihr nur fünf Salzkörner seid.

Wie kommt Jesus darauf, uns als so wichtig zu sehen? Sind wir etwa besser als unsere Mitschüler? Sind wir besonders begabt? Oder sind wir einfach die tollsten Hechte? – Bestimmt nicht! Genausowenig waren die Jünger Jesu besonders begabt oder fähig. (Hier kann kurz auf die Unfähigkeit der Jünger eingegangen werden: Einer war Zelot, ein anderer Zöllner, der dritte hat Jesus verleugnet, und alle haben sie ihn verlassen, als er sie gebraucht hätte ...) Trotzdem sagt Jesus ihnen das zu.

Ihr seid deswegen Salz für die Schule, weil Jesus selbst in euch wohnt. Darum seid ihr *die Chance für Jesus*, an die Schule zu kommen! Ihr seid die Menschen, durch die Jesus zu euren Mitschülern und Lehrern kommt. In euch können sie ihm begegnen. Und deshalb seid ihr gleichzeitig *die Chance für die Schule*, Jesus kennen zu lernen. Durch euch kommen Menschen in Kontakt mit ihm.

So sieht Jesus euch an. Jesus sieht in euch das Salz für eure Mitschüler und Lehrer. Er sagt uns das einfach zu. Darum: Habt Mut, das zu glauben und so zu leben – als Botschafter Jesu.

Und: Keine Angst vor dem Wasser oder dem Knoblauch. Die brauchen euch, weil Jesus euch gebraucht.

Andreas Spingler

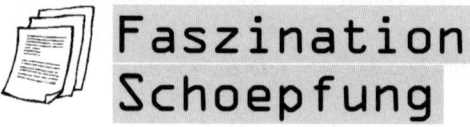

Faszination Schoepfung

4 Andachten zu Gottes erstaunlichstem Werk

 Mit kreativen Pausenaktionen eure Mitschüler zum Staunen und Nachdenken über Gottes Schöpfung bringen.

Werbung:
- gelbe Plakate (in Bananenform) aufhängen: z.b. „Und du isst immer noch Bananen und glaubst, King-Kong sei dein Uropa?"
- Pausenaktion: im Affenkostüm (Theaterrequisite) bananenförmige Flyer oder Bananen (mit Einladungs-Aufkleber) verteilen - z.b. zu „Affenwochen - alles Banane?"

Andacht 1: Bin ich eine Laune der Natur?

 1.Mose 1,27; Johannes 10,10b

Einleitung
NIMM-ZWEI-Song „Keine Laune" anspielen (mit dem Sketch davor!) und Textblätter austeilen.
Alternative: Geschichte „Die unglaublichen Taten von Nichts und Niemand" (D. Lawrence, Ich glaub' mein Großhirn klemmt, Brunnen Verlag, S.61-63) vorlesen.
Umfrage: „Was ist mein Ursprung – wo komme ich her?" (Auf ein Blatt in der Mitte schreibt jeder sein Statement.)
Von wem stammt das Zitat: *„Die Annahme, das Auge mit seinen*

*kunstvollen Einrichtungen für Scharfeinstellung, Regelung des Licht-
einfalls ... habe sich durch natürliche Auslese bilden können, ist, wie
ich offen zugebe, in höchstem Maße widersinnig"?* – von Charles
Darwin.

Hauptgedanke
Jeder Mensch ist ein einzigartiges Geschöpf und Ebenbild Gottes
(1.Mose 1,27), kein Zufall, sondern gewollt von dem Gott, der
uns liebt, uns so wie wir sind annimmt und unserem Leben Sinn
und Perspektive gibt (Johannes 10,10b).

Andacht 2: Das Auge

 Psalm 94,9 oder Matthäus 6,22-23

Einstieg
Tischtennisball bemalt als Auge zeigen und Fakten über das Wunderwerk Auge erzählen

Hauptgedanke
Das Auge sieht, was es sehen will. – Mit was fülle ich meine Augen? Das, was wir sehen, beeinflusst auch unser Leben: Es macht
einen großen Unterschied, ob ich ein gutes Buch lese, einen an-
spruchsvollen Film ansehe oder mir immer nur Horrorvideos rein-
ziehe.

Andacht 3: Das Herz

 Sprüche 4,23 (Luther-Übersetzung), Psalm 139,23-24
(als Gebet)

Infos zur Funktion des Herzens („Wunderwerk Mensch" – aus Biobuch oder Lexikon).

Hauptgedanke
Achte auf dein Herz (als Sitz des Lebens und deiner Seele): Was tue ich für mein Herz? Wie gehe ich mit meinem Leben, meinem Körper um, mit meiner Gesundheit (Stichworte: Rauchen, Magersucht, Herzinfarkt ...)? Gott hat mir mein Leben geschenkt. Was mache ich draus – an der Schule, in meinen Beziehungen?

Andacht 4: Was haben wir aus der Schöpfung gemacht?

 1. Mose 1,29-31

Einstieg
Eine Pflanze zeigen

Hauptgedanke
So toll die Pflanzenwelt im Einzelnen ist, ist die Schöpfung wirklich immer noch „sehr gut" (V.31)? – Warum oder warum nicht mehr? Am Anfang war tatsächlich alles „sehr gut" (V.29-30), kein Abschlachten von Tieren und Menschen, keine Umweltverschmutzung ... – Das alles ist Folge des Sündenfalls!

 Warum nicht mal eine Aktion „Saubere Schule" starten und als SBK Dreck einsammeln? Jesus nahm allen Dreck der Welt auf sich, damit wir leben können!

Patrick Will

Unterstufen-Andachten

„Die lieben Kleinen!" – immer mehr von ihnen kommen auch in den Schülerbibelkreis. Das ist echt stark! Genauso stark ist, dass „die coolen Großen" das nicht kalt lässt und sie diese jungen Mit-christen bewusst an der Schule begleiten, z.B. im Unterstufenkreis! Als kleine Unterstützung gibt es hier zehn Andachten für zehn- bis vierzehnjährige Teens.

Die Schatztruhe Gottes

Jesus sieht unser Herz an. Er weiß, warum wir etwas tun.

Markus 12,41-44

Vorbereitung: Stelle zur Veranschaulichung einen Opferkasten (Karton mit einem Schlitz) in die Mitte des Kreises.

Andacht
(Die Geschichte wird aus der Perspektive des Opferkastens erzählt.)
Ich bin ein Opferkasten. Mich gibt es in sehr vielen Ausführungen: als Klingelbeutel, als Kollektenteller oder auch als Hut. Ich tauche in jedem Gottesdienst auf, und Menschen legen Geld in mich hinein. In Jerusalem habe ich eine besondere Form. Ich sehe wie eine abgeschnittene Posaune aus. Mit einigen anderen abgeschnittenen Posaunen stehe ich vor dem Tempel.

Jeden Tag gehen viele Menschen an mir vorbei und legen Geld in meine Öffnung. Abends, wenn ich meinen Hals fast voll habe, werde ich geleert, und von dem Geld werden Opfertiere für den Gottesdienst gekauft. Deshalb nennen mich auch manche die Schatztruhe des Tempels oder die Schatztruhe Gottes.

Neben mir steht ein Priester. Er beobachtet, wie viel Geld die Menschen in den Kasten hineinlegen. Wenn jemand sehr viel Geld in mich hineinwirft, dann ruft er es laut hinaus. Er nimmt seine Posaune hervor und bläst hinein. Sie erschallt über den großen Tempelhof, und alle hören es und blicken sich um. Den Spendern gefällt dies, und sie legen immer noch mehr Geld hinein.

Jetzt nähert sich mir eine Witwe. Ich erkenne sie an ihrem besonderen Witwenkleid.

Sie gehört zu den ärmsten Personen, die bei mir vorbeikommen. Für einen Tag hat sie höchstens einen Groschen zur Verfügung. Davon kann sie sich gerade mal eine Mahlzeit kaufen.

Der Priester beobachtet sie nicht. Er weiß, von ihr wird nicht viel kommen. Die Frau bleibt vor mir stehen und wirft ihren einzigen Groschen hinein. Dann geht sie weiter. Also, ich verstehe die Witwe nicht: Von was will sie jetzt leben? Wem soll dieser Groschen nützen? Wenn sie mich abends leeren, kann so ein Groschen sogar zwischen den Scheinen übersehen werden.

Ein anderer hat beobachtet, was die Witwe getan hat. Er steht mit seinen zwölf Freunden zusammen. Sie nennen ihn Jesus. Er sagt zu seinen Freunden: „Diese Witwe hat mehr hineingelegt als alle anderen." – Moment mal. Kann der nicht rechnen? Ein Groschen ist doch nicht mehr als 1000 DM. Für einen Groschen bekommt man kein Opfertier. Höchstens eine Schwanzfeder. Wieso hat die Witwe mehr hineingelegt als alle anderen?

Jesus erklärt es den Jüngern: „Alle anderen haben aus ihrem Überfluss gegeben. Sie haben von ihren vielen Scheinen in der Geldbörse *einen* gezogen. Es hat sie nicht besonders viel gekostet. Die Witwe dagegen hat alles gegeben, was sie hatte, obwohl sie wusste, dass man davon nicht viel kaufen kann, und es auch der Priester nicht hinausposaunen wird. Sie hat das, was sie hatte, einfach so Gott gegeben. Das war ihr genug. Und das war Gott genug, denn sie gab es von ganzem Herzen."

So sieht richtiges Schenken aus: Die Liebe, die hinter einem Geschenk steht, ist ausschlaggebend. Der Beschenkte spürt sie, auch wenn das Geschenk äußerlich klein ist.

Jetzt stehe ich als Opferkasten vor euch. Ihr könnt euch überlegen, was ihr hineinlegt, was ihr Gott an Geld, Zeit und Ideen gebt, und warum ihr Gott etwas gebt.

 Die Geschichte von dem Opfer der Witwe kann man auch aus der Sicht eines Reichen, eines Priesters oder auch der Witwe selbst erzählen.

Gottfried Bormuth

Wenn alles schlaeft und einer spricht

Beten ist nicht vergeblich, sondern bewegt etwas, auch wenn wir nicht damit rechnen.

Apostelgeschichte 12,1-17; Römer 12,12

„Wenn alles schläft und einer spricht ..." – diesen Spruch kennen wir alle und auch manche schläfrige Situation in langweiligen Schulstunden.

Vielleicht geht es euch aber nicht nur im Unterricht so, sondern auch im Jugendkreis oder im Gottesdienst. In der Bibel habe ich eine Geschichte gefunden, wo es genau umgekehrt läuft: „Wenn einer schläft und alles spricht ..."

König Herodes ging den Christen und der Gemeinde in Jerusalem wirklich ans Leben. Der Gemeindeleiter Jakobus wurde verhaftet und getötet. Dann ließ Herodes auch Petrus verhaften, ins Gefängnis werfen und scharf bewachen. Möglicherweise hatte Petrus am nächsten Tag mit seiner Hinrichtung zu rechnen. Herodes machte oft kurzen Prozess. Ich hätte in der Gefängniszelle so kurz vor dem Urteil wohl kein Auge zugemacht aus lauter Angst. Aber Petrus hat tief und fest geschlafen. Fast unvorstellbar!

Ein paar Straßen weiter war die Lage ganz anders. Die Christen in Jerusalem haben es auf ihren Matratzen nicht ausgehalten. Sie konnten in so einer Nacht nicht schlafen! Sie saßen zusammen und taten das einzig Richtige, was Christen nur tun können: Sie haben gebetet was das Zeug hält (V.5).

„Wenn einer schläft und alles betet" – da passiert wirklich etwas: Gott greift ein! Er hat seinen Engel zu Petrus geschickt und ihn aus dem Gefängnis befreit. Anfangs meinte Petrus zu träumen. Doch draußen auf der Straße hat er dann schnell gemerkt, dass das kein Traum war, sondern Wirklichkeit.

Oft glauben wir gar nicht mehr daran, dass unser Gebet etwas bewirken kann. – Rechnet ihr damit, dass ihr mit eurem Gebet an der Schule etwas bewirkt? – Den Christen damals ging es ähnlich. Als Petrus an die Tür klopfte, wurde er erst gar nicht hineingelassen. Sie wollten nicht glauben, dass Petrus frei war und vor ihrer Tür stand.

Vielleicht denkst du jetzt: Ich bete schon so lange für eine ganz konkrete Sache und nichts geschieht. Oft dauert es eine ganze Zeit, bis wir sehen und merken, wie und auf welche Weise Gott auf unser Gebet antwortet. Das war bei der Gemeinde in Jerusalem ja genauso. Für Jakobus hatten sie auch gebetet. Aber Gott hat ihn nicht gerettet. Jakobus wurde hingerichtet.

Die Christen hätten bei der Verhaftung von Petrus auch resigniert aufgeben können nach dem Motto: Beten hilft nicht – das haben wir ja bei Jakobus so erfahren. Aber die Gemeinde wird nicht kopflos – obwohl Jakobus geköpft wurde. Obwohl ihre heißen Gebete für Jakobus offenbar nicht erhört wurden, beteten sie ein paar Nächte später um die Freiheit für Petrus. Das ist die Aufgabe der Christen: Nicht schlafen, sondern beten! Wenn wir uns daran halten, werden wir die Erfahrung machen, dass Gott nicht immer gleich handelt oder so, wie wir uns das vorstellen. Aber er nimmt uns und unser Gebet ernst!

Ihr könnt ganz sicher sein, dass auch euer Gebet nicht an der Decke eures Klassenzimmers und an den Mauern des Gemeindesaales hängen bleibt.

 Am Schluss könnt ihr als Ermutigung „Gebets-Lollis" verteilen. Klebt Lollis auf ein Kärtchen mit dem Bibelvers Römer 12,12: „Seid fröhlich in der Hoffnung darauf, dass Gott seine Zusagen erfüllt. Seid standhaft, wenn ihr bedrängt werdet, und lasst euch durch nichts vom Gebet abbringen."

Michaela Lorenz

Ein sauberes Herz

Worte können verletzen. Wir brauchen den Heiligen
Geist, um ein sauberes Herz zu bekommen.

Matthäus 15,11 und V.15-20

Vorbereitung: Jeder braucht ein leeres Blatt Papier und einen Stift.

Einstieg
Jeder soll die Schmutzflecken auf seiner Hose zählen – hoffentlich
ist gerade Schmuddelwetter! Wer die wenigsten Flecken hat, bekommt ein Bonbon. Wer die meisten Schmutzflecken hat, bekommt
die Frage gestellt, welches Waschmittel seine Mutter für derartig
schmutzige Hosen verwendet. Weiß er es, bekommt auch er ein
Bonbon.
   Nun kannst du erzählen, dass es heute in der Andacht um
Schmutz geht. Allerdings nicht um den Schmutz auf den Hosen,
sondern – bezogen auf die Seele – um böse Gedanken. Zur An-
schauung dient das folgende Spiel:
   Jeder soll auf sein Blatt schlechte Gedanken schreiben (z.b. Idi-
ot, Spinner, ich mag dich nicht, du bist faul, Angeber usw.). Dann
knüllt jeder sein Blatt zusammen. Auf ein Zeichen hin bewerfen
sich alle gegenseitig. Hat man geworfen, dann darf man ein anderes Knöllchen aufnehmen und weiterwerfen. Du kannst die ganze
Aktion nach 30-60 Sekunden unterbrechen.

Andacht
Genauso wie der Dreck auf der Straße deine Hose dreckig machen
kann, genauso können wir mit schlechten Worten umherschmeißen.
Das Resultat ist das gleiche. Diese Worte liegen überall rum und
machen alles unordentlich wie jetzt hier die Knöllchen.

Doch sie vergiften nicht nur die gute Atmosphäre, sie stinken nicht nur wie Mundgeruch, sondern sie können noch mehr: Sie können andere verletzen! Das sollte das Spiel verdeutlichen. Wir haben uns die schlechten Worte an den Kopf geschmissen. Wir wollten den anderen treffen. Manche Worte treffen andere Menschen aber nicht nur wie Papierknöllchen, sondern wie Steine. Solche Worte können die Seele eines Menschen mit voller Wucht treffen und tief in sein Herz dringen. Worte können manchmal wie Waffen sein. Deshalb ist es nicht egal, was ich den Tag über rede. Deshalb muss ich aufpassen, was ich zu anderen sage.

Doch wieso kommen wir Menschen überhaupt dazu, mit unseren Worten die Umgebung zu vergiften und andere Menschen zu verletzen? Jesus sagt dazu: *„Was aus dem Mund herauskommt, das kommt aus dem Herzen, und das macht den Menschen unrein. Denn aus dem Herzen kommen böse Gedanken, Mord, Ehebruch, Unzucht, Diebstahl, falsches Zeugnis, Lästerung. Das sind die Dinge, die den Menschen unrein machen"* (Matthäus 15,18-20a).

Die üblen Worte kommen also aus dem Herzen. Der Mund ist nur der Lautsprecher des Herzens. Wenn ich schlecht daherrede, dann ist das ein Zeichen dafür, dass mein Herz unrein ist. Diese Unreinheit des Herzens ist aber viel schlimmer als eine dreckige Hose. Für die Hose gibt es meistens ein Reinigungsmittel. Doch was mache ich, wenn in meinem Herzen solche unreinen Gedanken entstehen? Wenn ich unbedingt über andere lästern oder ihnen eins auswischen will? Wie bekomme ich diesen Dreck aus meiner Seele?

Dafür hat Gott uns Menschen den Heiligen Geist geschenkt. Er will in deinem Herzen sein und es von allem Bösen reinigen. Der Heilige Geist ist der „Meister Proper" deines Herzens. Wenn du Gott bittest, dass er dir vergibt und dich im Herzen veränderst, dann wird er das tun, immer wieder und häufiger als man eine Hose waschen kann. – Keine Angst, du bleichst dabei nicht aus, sondern die anderen werden dann gern in deiner Umgebung sein!

Alexander Schulz

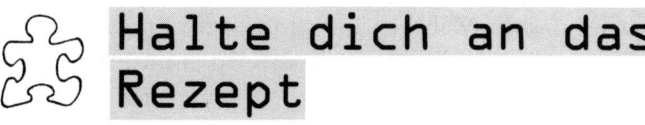

Halte dich an das Rezept

 Die Bibel hilft uns, unser Leben nach Gottes Vorstellungen zu führen.

 2.Timotheus 3,16-17

Vorbereitung: Schürze, Plastikschüssel, Kochlöffel, ein Backbuch und Zutaten für einen Rührkuchen, dazu aber auch völlig Unpassendes: Pfeffer, Knoblauch, Curry o.ä.

Einstieg
Du ziehst die Schürze an, baust die Zutaten auf und erklärst, dass du deinen Lieblings-Rührkuchen backen willst. Nun liest du das Rezept in einem Stück vor. Dann erklärst du, dass die Arbeit mit dem Rezept dir viel zu anstrengend und einengend ist. Als moderner Mensch richtest du dich nicht mehr nach so alten Rezepten. Du willst deine eigene Kreativität voll zur Geltung bringen.

Du legst also das Rezept bzw. Backbuch weg und beginnst dein Werk. Mache bewusst Fehler, indem du Mengenangaben und Zutaten vertauschst, statt Kuchengewürzen kannst du dann Curry, Maggi o.ä. nehmen. Während du alles zusammenrührst, schwärmst du, wie lecker dein Kuchen schmecken wird – bei all den feinen Zutaten. Zeige den Mitschülern den eigenartigen Teig in der Schüssel und frage sie, ob sie vielleicht einmal kosten wollen. – Die meisten werden dankend ablehnen.

An dieser Stelle erklärst du, wie wichtig es ist, sich beim Backen an das Rezept zu halten. Sonst wird der Kuchen ungenießbar. Gott hat uns auch ein Rezept gegeben – nicht für einen Kuchen, aber für unser Leben: die Bibel! – Halte eine Bibel hoch!

Andacht

Die Bibel zeigt uns die Wahrheit über unser Leben und sagt uns, wie sehr Gott uns liebt und dass er will, dass wir in unserem Leben nach Ihm fragen. Es wäre dumm, alles, was ich gerade im Kühlschrank finde, in den Kuchenteig zu mischen, auch wenn es die besten und auserlesensten Dinge wie Kaviar, Fleisch und Schinken sind. Ein Rezept ist dazu da, dass aus vielen guten einzelnen Zutaten auch ein schmackhaftes Ergebnis zustande kommt.

Genauso sagt uns die Bibel, was für unser Leben gut ist. Gott gibt uns dieses Lebens-Rezept, damit unser Leben gelingt. In einem Vers im Neuen Testament wird uns das noch einmal ganz deutlich gesagt: *„Die ganze Heilige Schrift ist von Gottes Geist eingegeben. Sie lehrt uns, die Wahrheit zu erkennen, unsere Schuld einzusehen, uns von Grund auf zu ändern und so zu leben, dass wir vor Gott bestehen können. Sein Wort zeigt uns, wie wir als veränderte Menschen fähig werden, Gutes zu tun."* (2.Timotheus 3,16-17)

Leider kümmern sich viele Menschen nicht um das, was Gott sagt und denken, sie könnten glauben und tun, was sie wollen. Sie denken sich ihr eigenes „Lebensrezept" aus. Oft kommt dabei dann aber so ein ungenießbares Ergebnis wie bei meinem Kuchen raus.

Ganz wichtig: Wenn ich ein Rezeptbuch kaufe, dann wird mir nicht gleich der fertige Kuchen mitgeliefert, aber ich erfahre genau, was ich machen muss. Beim Lesen der Bibel erfahren wir, dass wir Jesus für unser Leben brauchen, und sie sagt uns auch, wie wir als Menschen gut miteinander umgehen und leben können.

Also nimm deine Bibel und lies, welche Rezepte Gott für dein Leben bereithält! Und dann probier sie mal aus. Du wirst dabei merken, dass etwas Gutes herauskommt, woran du dich selbst freuen kannst – und die anderen auch!

Michaela Lorenz

Lass deine Steine stecken

Wir alle tun Dinge, die nicht in Ordnung sind. Keiner ist besser als der andere.

Johannes 8,1-11

Vorbereitung: Sammle viele teelichtgroße Steine. Baue eine Zielscheibe aus einem geöffneten Eierkarton für den Fußboden. Male die Löcher des Eierkartons mit drei verschiedenen Farben an. Die unterschiedlichen Farben bedeuten 2, 4 oder 6 Punkte. Besorge einen Süßigkeitenpreis für die Gewinner.

Einstiegsspiel
Die Gruppe wird in zwei Mannschaften aufgeteilt. Jeder Teilnehmer bekommt zwei Steine, mit denen er punkten muss. Die Eierkartonzielscheibe kann man entweder in die Mitte eines Stuhlkreises stellen, oder jeder wirft von einem Startpunkt aus. Die Siegergruppe bekommt einen Preis.

Andacht
Mit dem Werfen von Steinen hat auch ein Erlebnis zu tun, das Jesus in Jerusalem hatte. Wieder einmal war er im Tempel, um den Menschen von Gott zu erzählen. Es war schon verwunderlich, wie viele Menschen sich um ihn drängten, um seine Worte zu hören.
Doch plötzlich wurden sie durch lautes Herankommen einer Gruppe unterbrochen. Was passierte da? Schriftgelehrte und Pharisäer schleppten eine Frau heran. Sie gingen nicht gerade zimperlich mit ihr um. Sie stießen sie in die Mitte der Menschenmenge, damit jeder die Frau sehen konnte. Nun saß sie da: Jesus vor sich

und die aufgebrachten Schriftgelehrten und Pharisäer hinter sich. Einer von ihnen rief: „Diese Frau wurde beim Ehebruch überrascht. Wenn wir das Gesetz befolgen wollen, dann müssen wir sie steinigen!" Und ein anderer fragte weiter: „Jesus, was meinst du dazu?" Was würde Jesus jetzt wohl machen? Die Frau hatte ihren Mann betrogen, und Ehebruch ist eine ziemlich schlimme Sache. Jesus sagte erst mal gar nichts, dann bückte er sich und schrieb mit dem Finger in den Sand. Nach einiger Zeit sagte er: „Nun, ihr wollt sie wegen ihrer Schuld verurteilen und steinigen. Okay, aber den ersten Stein soll der werfen, der selbst noch nie gesündigt hat!" Dann bückte er sich wieder und schrieb weiter auf die Erde.

Ich kann mir vorstellen, dass es mucksmäuschenstill war. Ab und zu hörte man, wie ein Stein auf die Erde gelegt wurde. Als erstes gingen die Ankläger. Dann schlichen auch alle übrigen Zuschauer stillschweigend davon, einer nach dem anderen. Schließlich war Jesus ganz allein mit der Frau.

> Frage an die Gruppe: Was meint ihr, was hat Jesus dieser Frau jetzt, wo alle weg waren, gesagt?

> Greife die richtigen Antworten auf und bündle sie zum Schluss.

Wir haben alle „Dreck am Stecken"! Keiner ist besser als der andere. Darum hat auch niemand das Recht, einen anderen zu verurteilen und schon gar nicht mit Steinen nach ihm zu werfen.

Wo werfen wir mit „Wort-Steinen" oder „Gedanken-Steinen" auf andere und tun ihnen damit weh?

Jesus nimmt uns so an, wie wir sind, aber er lässt uns nicht so! Darum sagt er zu der Frau und auch noch zu uns heute: „Sündige nicht noch einmal! Ich gebe dir die Kraft, dich zu verändern. Wenn du dich an mich hältst, dann musst du nicht lügen, klauen oder über andere schlecht reden."

Jesus wirft keinen Stein nach uns, darum können wir unsere Steine stecken lassen.

Schluss: Jeder kann einen Stein oder mehrere in die Hosentasche stecken, um sich den Tag über immer wieder an die Andacht zu erinnern. – Aber nicht vergessen: Lass deine Steine stecken!

Birgit Tiemann

Wuensch dir was!

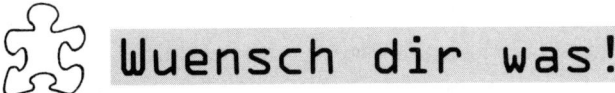

 Einen guten Umgang mit Wünschen bekommen

Epheser 3,20

Einstiegsmöglichkeiten
- Ein Märchen oder eine Geschichte erzählen, in der jemand drei Wünsche frei hat.
- Spiel: „Mein rechter Platz ist frei": Alle Mitspieler sitzen im Kreis. Ein Stuhl bleibt frei. Wer links vom unbesetzten Stuhl sitzt, klopft mit der Hand auf den Stuhl und sagt: „Mein rechter, rechter Platz ist frei, ich wünsche mir den/die ... (Namen einsetzen) herbei!" Die beiden Nachbarn des Herbeigewünschten müssen den Platzwechsel durch schnelles Festhalten verhindern.

Andacht
Die Advents- und Weihnachtszeit ist eine Zeit der Wünsche. Schon lange vorher fragen dich deine Eltern, Omas und Tanten, was du dir wünschst, und in deinem eigenen Kopf sind Ideen von Dingen, die du vielleicht bei anderen gesehen hast oder die dir schon lange auf dem Herzen liegen.

Wünsche können total unterschiedlich sein: Es gibt materielle Wünsche, die du dir früher oder später vielleicht sogar selber erfüllen kannst z. B. durch kräftiges Sparen, oder die dir deine Eltern erfüllen können. Es gibt aber auch andere Wünsche, die sich nicht so einfach „kaufen" oder „anschaffen" lassen. Auf ihre Erfüllung musst du lange warten; vielleicht bleiben sie sogar immer unerfüllte Wünsche.

Wie findest du nun einen guten Umgang mit deinen Wünschen?

1. Du darfst Wünsche haben!
Wünsche sind oft ein guter Antrieb. Sie bringen dich in Aktion. Gott hat dir Herz, Verstand und Phantasie gegeben, um dir Dinge vorzustellen. Wichtig ist der Umgang damit: Setzen sie dich in Bewegung? Oder lähmen sie dich, weil die Träume dich gefangen nehmen und du den Blick für dich und andere verlierst?

2. Du darfst deine Wünsche Gott sagen!
Er ist dafür die beste Adresse. Er nimmt dich ernst und weiß, wie es in deinem Herzen aussieht. Gott ist nicht der Miesmacher, der dich knechten will. Er hat gute Gedanken für dein Leben. Paulus drückt das so aus: *„Gott kann viel mehr tun, als wir von ihm erbitten oder uns auch nur vorstellen können. So groß ist seine Kraft, die in uns wirkt"* (Epheser 3,20).

3. Lerne mit unerfüllten Wünschen zu leben!
Was aber ist, wenn deine Wünsche nicht (gleich) erfüllt werden? Du kannst zunächst mal Gott bitten, dass er dir Geduld gibt und dein Herz ruhig und gelassen macht. Außerdem kannst du wissen, dass Gott den Überblick über dein Leben hat und weiß, was gut für dich ist. Das muss sich aber nicht immer mit deinen Wünschen decken! Dietrich Bonhoeffer hat das so formuliert: „Gott erfüllt nicht alle meine Wünsche, aber alle seine Verheißungen."

Gebet: Herr, danke, dass du gute Gedanken über unserem Leben hast. Danke, dass du den Überblick hast und weißt, wie es in unserem Herzen aussieht. Wir wollen mit unseren Wünschen vor dir leben und dich bitten, dass du uns ruhig werden lässt vor dir. Amen.

Abschluss:
Zusagen aus der Bibel auf kleine Zettel schreiben und verteilen.

 „Herr, wenn der Wunsch in meinem Herzen"; „Geh unter der Gnade"

Petra Schünemann

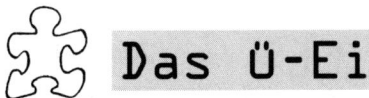

Das Ü-Ei

 Wir können über Gott Bescheid wissen, denn er hat sich uns in der Bibel offenbart.

Vorbereitung: Mindestens ein Überraschungs-Ei besorgen.

Andacht

Wenn Jesus seinen Jüngern etwas Schwieriges wie z.B. den Himmel erklären wollte, hat er oft in Gleichnissen gesprochen. Dazu hat er etwas Bekanntes aus ihrem Alltag genommen: Sauerteig, ein Senfkorn, einen Hirten. Also, ich habe schon lange keinen Hirten mehr gesehen, aber gerade noch im Supermarkt ein Ü-Ei ...

Heute geht's um das Wort „Offenbarung"! – Weiß jemand, was eine Offenbarung ist? Offenbarung bedeutet, dass etwas, das schon vorher da war, nun enthüllt wird. Wie bei einem Ü-Ei. Wenn ich das Ü-Ei öffne, verändere ich nichts am Inhalt, sondern mache ihn nur sichtbar. In der Bibel offenbart sich Gott uns Menschen. Gott macht sich sichtbar. Er zeigt uns, wie er ist.

Nun kommt die erste Ü-Ei-Offenbarung: Glanzpapier ab: Klar, jeder weiß, jetzt kommt die braun-weiße Schokolade zum Vorschein. Und dann die nächste Ü-Ei-Offenbarung: Klar, ein gelbes Plastikdöschen – vielleicht ist es aber auch blau!

Offenbarung korrigiert meine Vorstellungen über Gott. In der Bibel sagt Gott, wie er ist. Und jetzt haben wir zwei Möglichkeiten: Entweder wir glauben an diesen Gott, oder wir lehnen ihn ab. Diese Art von Offenbarung gibt es übrigens in keiner anderen Religion!

 Vielleicht sponsert dich ja jemand aus deiner Gemeinde, dass du für jeden im Jugendkreis ein Überraschungs-Ei mitbringen kannst.

Frank Fischer

Tutti-Frutti

Christ sein heißt, mit Jesus in Verbindung bleiben.

Johannes 15,1.4.5

Vorbereitung: Bild eines Weinstocks besorgen (Overhead-Folie oder Kopie). Einen Korb mit Weintrauben oder anderen Früchten oder eine Tüte Tropifrutti mitbringen. – Am Schluss an die Jugendlichen verteilen.

Einstieg mit dem Spiel „Obstkorb"
Früchte verschiedener Sorten werden unter den Teilnehmern aufgeteilt. Ein Schüler muss in die Mitte und eine der verteilten Obstsorten aufrufen. Diejenigen, die eine dieser Früchte darstellen, wechseln die Plätze. Währenddessen muss der in der Mitte versuchen, einen Platz zu bekommen. Man kann auch den ganzen Obstkorb „umfallen lassen". Dann wechseln alle die Plätze.

Andacht
Bei unserem Spiel wurden die Früchte ganz schön durcheinander geworfen: Tutti Frutti! Jesus hat auch einmal etwas über Früchte gesagt: Johannes 15,1.4+5.

(Bild des Weinstocks zeigen und die einzelnen Teile erklären: Stamm, Verzweigungen mit den Blättern, die Reben als Verbindungen zu den Trauben)

Das Beste am Weinstock sind die Trauben! Doch wie entsteht so eine Traube?

Durch die Reben fließen vom Stamm her alle wichtigen Nährstoffe, die für das Entstehen und Wachstum der Trauben notwendig sind. Sie dürfen nicht verstopft sein, denn sonst kann der Weinstock keine Früchte tragen. Deshalb sind die Reben eigentlich das

Wichtigste am Weinstock. Ohne Reben kann es keine Früchte geben!

Jesus bezeichnet uns als solche Reben. Oft wären wir ja viel lieber Früchte und nicht bloß so eine kleine, unscheinbare Rebe. Doch es steht fest: ohne Reben keine Früchte!

Jesus sagt: „Ihr seid die Reben. Und wie eine Rebe nur dann Frucht tragen kann, wenn sie am Weinstock ist, so werdet auch ihr nur Frucht bringen, wenn ihr mit mir verbunden bleibt." Unsere Verbindung zu Jesus muss also stimmen! Doch wie bei einem Weinstock kann unsere Verbindung zu Jesus auch verstopft sein. Vielleicht hast du gar keine Lust mehr, in die Gemeinde zu gehen, oder Schuld hat sich in deinem Leben so festgesetzt, dass deine Verbindung zu Jesus verstopft ist. Das unterbricht die Kraftzufuhr, und dein Christsein ist nur noch eine halbe Sache.

Bring deine Verbindung zu Jesus wieder in Ordnung. Sage ihm, was dich bedrückt! Jesus möchte, dass du wieder frei wirst, damit neue Kraft und Freude durch dich fließen und in deinem Leben neue Früchte wachsen können.

Und was sind das für „Früchte", die aus meinem Leben herauskommen können? – Die Bibel nennt uns z.B. Liebe, Freundlichkeit, Hilfsbereitschaft, Barmherzigkeit und Gehorsam. Doch das Beste ist: So ein Leben kann ansteckend für andere sein, weil sie sehen, wie groß und gut Gott ist.

„Das schaffe ich doch nie!", denke ich oft. Aber Jesus weiß, dass ich von mir aus alle diese Früchte gar nicht hervorbringen kann. Darum sagt er uns auch nicht, dass wir die Früchte sein sollen, sondern eben die Reben – Verbindungsstücke, deren Aufgabe es ist, an Jesus zu bleiben. Er sagt nur: „Bleib an mir als dem Weinstock, denn ohne mich kannst du nichts tun! Ohne mich schaffst du es nicht, liebevoll, freundlich und barmherzig zu sein. Ohne mich wird es dir immer schwer fallen, gehorsam zu leben. Ohne mich kann dein Leben als Christ gar nicht ansteckend sein!"

Deshalb bleibt uns nur eins:

Dranbleiben an Jesus! Dranbleiben an seinem Wort, am Gebet und an der Gemeinschaft mit anderen Christen.

- Sein Wort: Das haben wir in der Bibel. Dazu gehören auch die Andachten im Jugendkreis. Also bleib dran!
- Gebet: Du kannst allein mit Jesus reden, aber auch gemeinsam mit anderen Christen. Ein Grund mehr, um im Jugendkreis aufzutauchen. Also bleib dran!
- Gemeinschaft: Allein geht man als Christ ein, vor allem im Schulalltag ist es allein ganz schön schwer. Deshalb ist es notwendig, dass sich die Christen auch in der Schule treffen. Also bleib dran!

Und dann wirst du erleben, dass es stimmt, was Jesus sagt: „Wer bei mir bleibt, in dem bleibt mein Leben, und er wird viel Frucht tragen."

Michaela Lorenz

Lauter Namen

 Gott kennt jeden Menschen beim Namen – darüber dürfen wir uns freuen!

 Jesaja 43,1; Psalm 147,4; Lukas 10,20

Einstiegsmöglichkeiten
- Bringt ein „Namensbuch" mit (am besten bei Lehrern oder Pfarrern nachfragen – die haben bestimmt so was), in dem die Bedeutung und Herkunft der verschiedenen Namen erklärt wird. Schlagt die einzelnen Vornamen der Teilnehmer nach.
- Zipp-Zapp-Spiel: Alle sitzen im Kreis bis auf einen. Der steht in der Mitte und zeigt auf irgendeinen, der sitzt. Ruft er „Zipp", muss der sitzende Mitspieler den Namen seines linken, bei „Zapp" den seines rechten Nachbarn nennen. Bei einem Fehler muss der Sitzende in die Mitte. Beim Kommando „Zipp-Zapp" wechseln alle Mitspieler die Plätze, und der Spieler in der Mitte muss versuchen, einen Platz zu bekommen.

Andacht
Zur Zeit des AT und NT hatten Namen noch eine viel stärkere Bedeutung als in der heutigen Zeit. Der Name war oft eng mit der Person verbunden und drückte besondere Eigenschaften oder ein Stück der Lebensgeschichte aus. So heißt z. B. Hiob „der Verfolgte, der Weinende" oder Mose „der aus dem Wasser Gezogene". – Ihr könnt ja mal eure Eltern fragen, warum sie gerade diesen Namen für euch ausgesucht haben.
Namen sind wichtig, zum Rufen, zum Unterscheiden und zum Wiedererkennen. Vielleicht kennt ihr das tolle Gefühl: Nach lan-

ger Zeit trefft ihr jemanden wieder, und derjenige erinnert sich noch an euren Namen. Das tut einfach gut!

In der Bibel heißt es sogar, dass Gott jeden Menschen bei seinem Namen kennt. Wen wundert es dann noch, dass Jesus ruft: „Zachäus, komm runter von deinem Baum!" und nicht: „He, du da oben ...!"

Im Jesajabuch wird das ganze Volk Israel so angesprochen. *„Fürchte dich nicht, denn ich habe dich erlöst; ich habe dich bei deinem Namen gerufen; du bist mein."* (Jesaja 43,1) Was für eine Zusage an ein Volk, das sich von Gott im Stich gelassen fühlte! Und nun dieser Zuspruch: Du brauchst keine Angst zu haben, denn ich kenne dich genau, ich will dich befreien, du gehörst doch zu mir.

Diese Zusage gilt damals wie heute. Gott kennt dich und mich beim Namen. Eigentlich unvorstellbar: Der große Gott, der alles gemacht hat, kennt mich. Er kümmert sich um mich, wie er sich um alle seine Geschöpfe kümmert. Er zählt sogar die Sterne und nennt sie bei ihrem Namen (Psalm 147,4). Das darf dich ruhig und gelassen machen. Selbst wenn du dir manchmal in der Masse klein und unbedeutend vorkommst: Für Gott bist du wichtig! Er weiß, wie du heißt, und er hat dich lieb. Diese Liebe ist ohne Ende; sie dauert ewig. Wenn wir zu Jesus gehören, sind sogar „unsere Namen im Himmel aufgeschrieben" (Lukas 10,20).

Da kann man echt nur staunen und sich freuen: Wir gehören zur Familie Gottes, zu seinem Volk!

 „Weißt du wie viel Sternlein stehen"

Idee: Warum nicht mal eine Andacht über eine biblische Person, deren Namen gleichzeitig ein Stück Lebensgeschichte ausdrückt? – Zum Beispiel: Abraham = „Vater einer Menge" (1. Mose 17,5); Hanna = „die Begnadete" (1.Samuel 1,2; Lukas 2,37); Lazarus = „Gott hat geholfen" (Johannes 11; Lukas 16); Ruth = „die Gefährtin, Freundin" (Ruth 1,4).

Petra Schünemann

Party-time

Weihnachten ist Jesu Geburtstagsparty, die wir für ihn und mit ihm gestalten.

Nutzt die Adventszeit und macht mal eine kleine „Party", zu der ihr extra einladet. Nutzt die Gelegenheit, mit euren Gästen über die eigentliche Bedeutung von Weihnachten nachzudenken.

Vorbereitung:
- Kündigt in der Woche vorher an, dass ihr beim nächsten Treffen eine Party veranstalten wollt. Sagt aber unter keinen Umständen, weshalb ihr feiert, sonst ist der Überraschungseffekt futsch.
- Sorgt für Partyatmosphäre: Schmückt euren Raum mit Luftschlangen, Kerzen, Servietten und einem großen „Happy Birthday"-Schild. Bietet eine Kleinigkeit zu knabbern und zu trinken an. Bringt schöne, flotte Musik mit.

Einstieg
Die Einzelnen kommen nacheinander eingetrudelt. Es kann sein, dass manche etwas irritiert sind von dem Schild und der Party-Atmosphäre. Ignoriert das zu Anfang, begrüßt jeden freundlich und fangt locker an zu plaudern. Irgendwann wird von Schüler- oder von Mitarbeiterseite die Frage in den Raum gestellt: „Sagt mal – das ist ja alles ganz nett hier, aber was feiern wir eigentlich?"

Andacht
Dies nimmst du zum Anlass, um eine Gegenfrage in den Raum zu stellen: „Aber ihr seid doch alle zu dieser Party gekommen. Wisst ihr denn nicht, weshalb ihr da seid?"
Warte kurz auf Reaktionen, z.B.: „Es scheint ja einer Geburtstag

zu haben, aber wer denn?", oder „Ihr habt uns das letzte Mal schließlich nicht verraten, was wir genau feiern."

Dann bist du wieder dran: Feiern ist ja ganz nett, aber einen Grund sollte man schon haben. Es ist schon etwas verunsichernd, wenn man bei einer Party gar nicht weiß, wer oder was eigentlich der Grund des Festes ist. Das habt ihr ja gerade selber gemerkt. Happy Birthday?! Okay, aber wer hat denn Geburtstag? Wem muss ich gratulieren? Irgendwie fühlt man sich unwohl, wenn man nicht weiß, was Sache ist.

Bald feiern wir Weihnachten. Alles läuft auf Hochtouren, kauft Geschenke, rennt auf Weihnachtsmärkte und Adventsfeiern. Weihnachten – das Fest, bei dem Familie großgeschrieben wird. Das Fest, zu dem auch der Onkel in Amerika mal eine Karte kriegt. Das Fest, an dem jeder reichlich mit Geschenken bedacht wird.

Jeder? Nein, nicht jeder! Meistens nämlich der nicht, um den es eigentlich geht. Aber das fällt uns an Weihnachten kaum noch auf. Da fragen wir nur selten: ,Was feiern wir denn heute? Wo ist denn eigentlich die Hauptperson?'

An Weihnachten hat Jesus Geburtstag. Gott macht uns das größte Geschenk, indem er uns in Jesus ganz nah kommt. Gott schenkt sich uns. In einem kleinen Kind – anfassbar nah – kommt Gott zu uns.

Jesus hat Geburtstag. Das ist der Grund der Party, die wir feiern. Und er freut sich, wenn wir zwischen all den Geschenken auch wieder an ihn denken. Wenn wir in all dem Rummel uns die Zeit nehmen, ihm für sein Geschenk, dass er uns nahe gekommen ist, zu danken. Jesus ist „der Star" an Weihnachten! – Lasst uns das bei der Party am 24. Dezember nicht vergessen."

 Am Ende kurze Gebetsgemeinschaft, in der ihr Gott danke sagen könnt für das Geschenk, das er uns an Weihnachten in Jesus gemacht hat.

Frauke Eicker

Musik-Andachten

„Mit Musik geht alles besser" – so beginnt nicht nur der Refrain eines Uraltschlagers, sondern diese „Lebensweisheit" hat sogar etwas mit Andachten zu tun: Warum nehmen wir nicht das, was viele Menschen schon „im Ohr haben", als Aufhänger für die gute Botschaft, die „ins Herz" gehen soll?!

Service: Andachten nicht nur zu Hits aus den Charts

Grundsätzlich kann man über jedes Lied eine Andacht machen. Nicht nur christliche Lieder haben Texte mit zentralen Lebensthemen, auch in vielen „weltlichen" Hits geht es um Hoffnung, Liebe, Leid, Frieden, Lebenswerte.

Welches Lied nehme ich?
Entweder wähle ich für die Andacht einen Hit aus den Charts. Der gibt mir dann das Thema vor. Oder ich suche zu einem Thema ein passendes Lied in den Hitparaden oder im „frommen Musiklager".

Mit „Chartbreakern" hole ich eher die Leute ab, die diese Lieder ständig hören. Ältere oder auch „fromme" Lieder sind zwar nicht so „im Ohr", aber hier kann es genauso gute „Aha-Erlebnisse" geben.

Wie gehe ich bei der Vorbereitung vor?
Wichtig ist, dass ich den ganzen Text (bei fremdsprachigen Liedern auch die Übersetzung) vorliegen habe. Falls der Text nicht im Booklet abgedruckt ist, muss ich ihn mir abhören oder aus dem Internet herunterladen – viele Musiker haben heute eine eigene Homepage.

Am Anfang steht eine Art Text- und Themenanalyse: Auf einem Blatt Papier schreibe ich oben das Thema des Liedes, und darunter gibt es dann zwei Spalten. In die linke kommt das, was in dem Lied zu diesem Thema gesagt wird als Zitat oder frei formuliert. Rechts schreibe ich das, was in der Bibel zu den jeweiligen Aussagen steht oder welche persönlichen Erfahrungen ich hier schon mit Gott gemacht habe. Oft kommt mehr „Andachtsmaterial" zusammen, als ich in der Andacht unterbringen kann. Deshalb muss ich mich auf einen ganz bestimmten Aspekt des Themas festlegen.

Wie kann eine Musikandacht aufgebaut sein?
1. Zwei Sätze zur Band (Infos aus dem Booklet, Internet, Zeitschriften, usw.).
2. Kurze Überleitung: Warum oder wie ich an dem gewählten Lied hängen geblieben bin?
3. Einige Gedanken zu den ausgewählten Liedaussagen. Wie ich sie aufgreife, hängt von ihrem Verhältnis zu den biblischen Aussagen ab:
- Zustimmend: Die Aussagen des Liedes sind echt gut. Aus biblischer Sicht und durch eigene Glaubenserfahrungen kann ich sie nur unterstreichen.
- Kritisch: Die Aussagen des Liedes sind zwar halbwegs o.k., bleiben letztlich aber oberflächlich. Daran kann ich dann gut anknüpfen und christliche Antworten aufzeigen, die tiefer gehen.
- Widersprechend: Die Liedaussagen sind voll daneben. Die Bibel sieht das ganz anders, und auch meine Erfahrungen mit Gott gehen in eine andere Richtung. Das muss ich positiv und als Angebot beschreiben.
4. Zuspitzung auf einen Bibelvers, einen Mutmach-Satz oder eine Einladung, über das Leben mit Gott neu nachzudenken. Wichtig: Meine Andacht darf weder das Lied noch die Musiker „abschießen“. Hier muss ich vor allem bei missionarischen Musikandachten sehr sensibel sein. Sonst verstehen die Zuhörer die Andacht nur als einen Angriff auf ihren persönlichen Musikgeschmack.

Auf was kann ich noch achten?
1. Textblätter sind eine gute Erinnerung an die Andacht. Während der Andacht lenken sie eher ab.
2. Bei missionarischen Andachten: Einige Tage vorher auffallende Plakate mit Bildern aus dem Booklet, Internet oder Musikzeitschriften aufhängen.

3. Ein geeignetes Abspielgerät samt Kabel oder Batterien besorgen.
4. Es gibt verschiedene Möglichkeiten, das Lied in der Andacht abzuspielen: Wenn die Leute gerade reinkommen, am Anfang oder zwischendrin nur ein Stück davon anspielen, oder aber das Lied als Abschluss spielen.

Markus Ocker

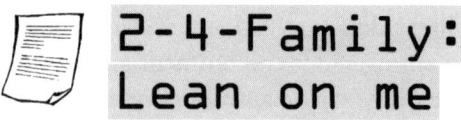

2-4-Family:
Lean on me

 Als Christen brauchen wir einander – gerade auch in der Schule!

„Lean on me" von 2-4-Family – einer der großen Hits von 1999. Ich kriege die Coverversion dieses alten Gospels einfach nicht mehr aus dem Kopf, die geniale Instrumentierung und dieser soulige „Rap-Rhythmus"!

Der Text scheint auf den ersten Blick nicht gerade tief zu gehen: „Immer mal wieder geht es jedem von uns nicht gut, hat man Schmerzen und Kummer; aber das muss nicht so bleiben: Wer etwas nachdenkt, der weiß: Es gibt immer auch ein Morgen" – nach dem Motto: Nach jeder dunklen, schweren Nacht kommt ein neuer, heller Tag. Da tröstet ein Mensch einen anderen, dem es gerade voll schlecht geht: „Verlass dich auf mich, lehn dich bei mir an, wenn du gerade nicht stark bist; ich bin dein Freund, ich helfe dir beim Tragen. Außerdem: Es wird nicht lange dauern, und dann brauche ich auch jemand, an den ich mich anlehnen kann. Überhaupt: Wir alle brauchen jemand, an den wir uns anlehnen können."

Schwarze Menschen in Nordamerika haben die Gospels geschrieben. Noch bis Anfang der Siebziger Jahre galten sie als Menschen zweiter oder dritter Klasse. Ihr großes Thema war Freiheit – ein Leben als freie Menschen. Doch das durften sie nicht laut sagen. Darum haben sie ihre Sehnsucht nach Freiheit mit Bildern umschrieben. „Lean on me" ist ein solches Lied. Es soll Menschen, denen es voll schlecht geht und die von anderen gedemütigt werden, Mut machen.

Zuerst denkt man, hier geht es um zwei Menschen. Der erste ist gut drauf und singt einem anderen Mut zu, dem es gerade übel geht. „Lehn dich an mich, denn du musst eine Last tragen, die du eigentlich gar nicht tragen kannst. Ich stehe genau dort oben an der Straße, ich teile deine Last mit dir, wenn du mich rufst." Und der andere kommt mit seiner schweren Last die Straße entlang und kann fast nicht mehr. Doch auf einmal sieht er, weiter vorne steht jemand und streckt ihm die Arme entgegen: Wer könnte das sein? Es ist Jesus! Jesus steht da und wartet, dass er diesem kaputten Menschen weiterhelfen kann. – Echt genial gemacht! Gerade noch meint man, ein Mensch bietet einem anderen seine Hilfe an, und plötzlich ist es Jesus, der sagt: „Lehn dich an mich, stütz dich auf mich, verlass dich auf mich." Diese Mehrdeutigkeit ist typisch für Gospels. Und man fragt sich: Ist es jetzt Jesus selbst, der mir hilft, oder ist es mein Bruder oder meine Schwester, durch die mir Jesus hilft?

Ich entdecke mich in diesem Lied wieder. Manchmal komme ich mir als Christ auch so vor wie die Schwarzen, die diese Gospels geschrieben haben. Ich fühle mich ungerecht behandelt von Eltern, Lehrern oder Mitschülern, erlebe sogar Gewalt oder Mobbing. Immer wieder gibt es Situationen, in denen ich mich wegen meines Glaubens an Jesus in die Ecke gedrängt fühle. Andere machen sich über mich lustig. Richtig verlassen komme ich mir da vor und sehne mich nach jemandem, an den ich mich anlehnen kann.

Gut, dass es den Jugendkreis gibt. „Gemeinsam und nicht einsam" fällt das Leben mit Gott leichter. Wenn ich weiß, dass da noch andere sind, die mit Gott leben wollen, dann ist alles nicht mehr ganz so schlimm! Mit ihnen kann ich mich austauschen, beten und mich stützen lassen. Der Jugendkreis ist für mich wie eine Tankstelle. Hier kann ich mich von Gott neu mit seiner Liebe füllen lassen, wenn der Alltag, die Schule meine Tanks leer gesaugt haben. Im Jugendkreis kann ich mich an Jesus anlehnen und ihm meine Sorgen abgeben. Jesus wirkt durch uns und durch das, was wir füreinander tun: „Lean on me, when you 're not strong, I'll be your friend, I'll help you carry on ..."

Markus Ocker

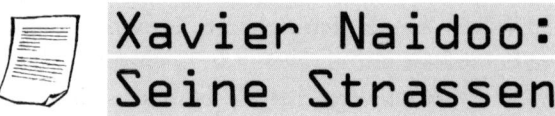

Xavier Naidoo: Seine Strassen

Wir leben in der „Advents"-Zeit: Jesus kommt zu uns.

Jesaja 40,3-5

Xavier Naidoos Hit „Seine Straßen" lässt einen nicht mehr los, je öfter man ihn hört. In Naidoos selbst getexteten Liedern steckt immer eine große Portion christliche Message, und dennoch werden sie ständig in den Charts gespielt. – Um was geht's?

Ihr erinnert euch bestimmt an „Man erntet, was man sät" oder „Sie ist nicht von dieser Welt, die Liebe, die mich am Leben hält". Diesmal will Naidoo uns einen Kick geben und uns wachrütteln, weil Jesus zu uns kommt. Wir leben in der „Advents"-Zeit. Advent heißt „Ankunft". Christen bereiten sich auf die Ankunft Gottes vor. Jesus ist vor 2000 Jahren von der himmlischen Welt in unsere irdische Welt gekommen. Das ist der Grund, warum Weihnachten gefeiert wird. Gott schlüpft in unsere Haut. Jesus wird einer von uns, beginnt ein Leben als Wickelkind von armen Eltern in einem Kuhstall. So tief hinein geht er ins Menschsein. Gottes Straßen gehen, „von den Bergen bis ans Meer" – von oben nach unten. Jesus kommt zu uns runter!

„Eure schlecht gebauten Pfade machen es dem Thronwagen schwer." Wir haben so unsere eigenen eher schlecht gebauten Pfade, auf denen sich unser Leben abspielt. Oft ist es der Ego-Trip. Hauptsache, mir geht's gut, und ich bekomme sofort alles, was ich will. Wir definieren uns über Schönheit, Geld, Computer, SMS, Intelligenz und Leistung. Wir sind auf dem Selbsterlösungstrip. Oft genug schaffen wir's dann aber nicht und hängen voll durch. Mit dieser Lebenseinstellung leben wir an Gott vorbei, wir „machen es dem Thronwagen schwer" auf dem Gott uns einfach mitnehmen möchte. „Rette sich, wer kann – doch wer kann's?" Wer kann sich schon selber retten?

Schon 700 Jahre vor Jesus hat der Prophet Jesaja sein Kommen vorausgesagt: „He Leute, bahnt dem Herrn einen Weg in der Wüste eures Lebens, räumt die Steine und das Geröll weg, er wird kommen in seiner Macht und Hoheit, alle Menschen werden es sehen." (Jesaja 40,3-5)

Wir Christen glauben, dass Jesus auch heute zu jedem kommt, der ihm vertraut und sein Leben mit ihm leben möchte. „Die Wege, die er nimmt, sind unsere Straßen. Sogar Berge schmelzen unter seinem Fuß." Ja, dann packt Jesus selbst mit an und hilft uns die Steine von Schuld, Schmerz, Egoismus, Versagen, Gleichgültigkeit wegzuräumen. Er hat schließlich für das alles mit seinem Leben am Kreuz bezahlt. „Du musst ihn suchen", dann lässt er sich gerne finden. Dann erlebst du stückweise Befreiung vom Ego-Trip und baust mit an Gottes Straßen in dieser Welt. Du gehörst dann zu seinem „Heer", zu seinem Bodenpersonal, das Wege freimacht. „Ich räume Straßen, und ebene Wege leg ich frei."

Wir leben heute wie auf der Titanic und „veranstalten viele Feste, genehmigt von der falschen Instanz." – Aber sind wir „bereit für den letzten Tanz?" Wir Christen glauben, dass Jesus einmal sichtbar für alle wiederkommen wird, um sein Friedensreich zu errichten. Da geht dann die fette Party ab. Aber Jesus möchte heute schon in dein Leben kommen, damit du auf seinen guten Straßen leben kannst, damit echte „Anteilnahme" und echter „Glanz" in deine Augen kommt. „Seine Straßen" bringen dich ans Ziel. Mit ihm verfehlst du es nicht.

Info: Die Liedzeilen „Vorbei sind die Zeiten der Vergebung, vorbei sind die Tage, die gezählt" wirken zunächst etwas verwirrend. Ich denke, dass sie sich auf die Zeit beziehen, wenn Jesus wiederkommt, um Gericht zu halten und um sein neues Reich zu errichten.

Roman Knörr-Zarbock

Xavier Naidoo: Nicht von dieser Welt

Es gibt eine Liebe, die mich trägt, auch wenn unter mir der Boden wackelt.

Heute geht's um Xavier Naidoos Hit „Nicht von dieser Welt". Nicht von dieser Welt – oh je! Mancher denkt jetzt vielleicht: Geht's da etwa um Außerirdische, Starwars, Ufos oder aber um irgendein abgespacetes frommes Gelaber völlig abseits vom wahren Leben?

Xavier Naidoo ist ganz offen und ehrlich. Er kennt das wahre Leben, die „ups and downs". Er hängt nicht den coolen Superstar raus, der alles im Griff hat und immer gut drauf ist. Er kennt die dunklen Stunden des Lebens: Frust, Ärger, Sorgen, Enttäuschungen. Er singt ganz ehrlich von den Nächten, in denen er wach lag, sich im Bett wälzte und nicht schlafen konnte, von den Tränen, die er geweint hat und von den seelischen Schmerzen, die ihn quälen.

Da frag ich mich doch: Passt so etwas überhaupt in unsere Zeit? Bei uns heißt es doch eher: Ich muss cool sein. Ich muss bei anderen gut ankommen. Ich muss fit, intelligent und schön sein. Ich muss eine Beziehung haben. Ich muss gute Noten haben.

Aber was ist, wenn diese Sicherheiten platzen wie Seifenblasen? Wenn mir meine Freunde sagen: „Du bist so uncool, du ödest uns an, mit dir ist nichts mehr los. Tschüss!" Wenn du im Sport abbaust und die Leistung einfach nicht bringen kannst, die du dir vorgenommen hast. Oder in Mathe: Du strengst dich voll an, aber schreibst einfach keine besseren Noten, du raffst es einfach nicht. Was ist, wenn in deiner Familie Streit und Chaos zunehmen, die Eltern sich trennen und ihr nur noch aneinander vorbei lebt? Oder wenn deine Freundin dich auf einmal links liegen lässt, weil sie einen anderen viel attraktiver findet?

Xavier Naidoo hat in solchen Situationen die Erfahrung gemacht, dass es eine Liebe gibt, die ihn festhält und trägt, auch wenn es ihm gerade den Boden unter den Füßen wegzieht. „Sie ist nicht von dieser Welt, die Liebe, die mich am Leben hält", singt er im Refrain. Der Star aus Mannheim macht klar, dass diese Liebe nicht irgendeine kosmische Kraft ist, nicht irgendwelche kosmischen Schwingungen, die ich anzapfen muss, auch nicht ein Drogen-Gefühlsrausch, sondern viel, viel mehr!

Sie kommt von einem „Du", von einem persönlichen Gegenüber: „Du bist der Inhalt meines Lebens" – „Dich suchte ich vergebens" – „Du hörst die Schmerzen, die ich spür" – „Du fängst mich immer wieder auf" – „Du gibst mir was ich brauch" – „Du bist das Licht, das mir die Nacht erhellt" - „Was mir an dir gefällt, ist nicht von dieser Welt!" Diese Liebe kommt auch nicht aus einer Beziehungskiste zu einer Frau. Xavier meint die Beziehung zum lebendigen Gott, der ganz persönlich an mir und meinem Leben interessiert ist, dem ich persönlich wichtig bin.

Jesus Christus hat uns diese Liebe gezeigt. Er ist Mensch geworden, hat mitten unter Menschen gelebt. Er hat Feste mitgefeiert, hat Traurige getröstet, Leuten ihre Schuld vergeben und Kranke geheilt. Er war bei Erfolgreichen und bei Versagern, bei gesellschaftlich Akzeptierten und bei Außenseitern. Keiner war ihm egal. Jesus hat gezeigt, dass seine Liebe kein „Bla-Bla" ist, so nach dem Motto „Guildo hat euch alle lieb" – und das war's dann. Jesu Liebe geht total tief. Jesus war bereit, für uns am Kreuz zu sterben, um unsere Schuld zu bezahlen. So hat er uns den Weg zu Gottes Liebe ganz freigemacht. Jesus ist der Freund, dem du dein Leben anvertrauen kannst, weil er auch mit dir durch „dick und dünn" geht.

Roman Knörr-Zarbock

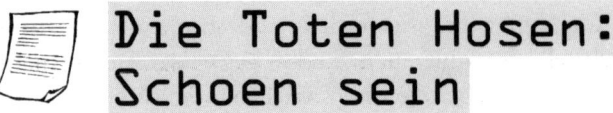

Die Toten Hosen:
Schoen sein

von der CD Unsterblich

Jesus stillt die Sehnsucht nach Leben.

Johannes 10,10

Campino & Co provozieren mal wieder – auch wenn es diesmal nicht nur darum geht, 10 kleine Jägermeister zu vernichten, sondern um etwas Wichtigeres: den Sinn des Lebens!

Beim ersten Hören von „Schön sein" denkt wahrscheinlich fast jeder: So doof wie die Frau und der Mann in dem Lied kann doch niemand sein. So einen beschränkten Lebenshorizont hat doch keiner. Und ich zünde doch keine Kerze in der Kirche an, weil ich denke, dass ich dadurch schön und reich werde.

O.K., ein bisschen „Verarschung" ist bei diesem Lied sicher dabei. Trotzdem gibt es eine Menge Menschen, die ähnlich träumen: einmal der dicke Lottogewinn und dann nie mehr arbeiten müssen; einmal mich neu durchstylen lassen; einmal der voll fette Urlaub in Florida ... – „Hey Schatzi, was woll'n wir mehr?"

Von was träumt ihr eigentlich? – Von einem neuen Honda-Roller oder vom nächsten Date mit Alex? Von einer tollen Figur, dem Traumjob oder von mehr Anerkennung in eurer Clique ...? – „Hey Schatzi, wir brauchen nicht mehr!"

Träumen ist schön, aber es kann auch fast lebensgefährlich werden. Dann, wenn wir nur noch im Traum richtig „aufleben". Das merken die anderen schnell und nehmen uns dann erst recht nicht mehr ernst. Dabei wollen wir gerade von ihnen angenommen werden. Das kann ein ziemlich übler Kreislauf werden.

Doch genau an dieser Stelle hört das Lied der Toten Hosen auf. Sie singen über Leute, die niemand für voll nimmt und die ein total bescheuertes Leben haben, aber das war es dann. Sie haben keine Lösung. Dabei ist das doch der Knackpunkt: Wie geht das, dass ich nicht nur irgendwelchen Utopien hinterherträume, sondern dass ich „echt" lebe?

Es gibt einen Satz von Jesus, der hier total passt: *„Ich bin gekommen, dass die Menschen das Leben und volle Genüge haben sollen"* (Johannes 10, 10). Heute würde Jesus wahrscheinlich sagen: „Ich bin gekommen, damit ihr das voll fette Leben haben könnt. Ich weiß, wie das geht, denn ich komme von Gott. Jeder von euch ist Gott ganz viel wert und zwar ohne dass ihr genial aussehen müsst oder der absolute Sport-Crack seid. Er hat euch einfach so lieb und möchte, dass ihr das wisst. Ich will euch den Weg zu Gott und in dieses prickelnde Leben zeigen. Ich bin sogar bereit, dafür zu sterben, nur damit ihr dorthin kommt" (vgl. V.11).

Das hört sich ziemlich krass an, gerade auch die Sache mit Jesu Sterben. Da muss man schon einiges glauben. Aber das ist etwas ganz anderes als die Sache mit der Kerze in diesem Hosen-Lied (Kerze ausblasen; s.u.).

Wir Christen glauben das und haben mit Gott schon echt gute Erfahrungen gemacht. Wir haben absolut nichts gegen schön sein oder gegen gute Schulnoten. Aber viel wichtiger ist uns, dass wir bei Gott ankommen. Wenn der uns liebt, dann macht es plötzlich nicht mehr so viel aus, wenn das mit dem Schön- und Reich-Sein oder auch mit dem schulischen Erfolg nicht ganz hinhaut. Das zu wissen, kann da echt voll entlasten.

 Gegenstände, die für „reich und schön" stehen (Autoschlüssel, Geld, Handy...), wie einen Altar aufbauen, eine Kerze dazustellen und vor dem Abspielen des Liedes anzünden (während der Andacht dann ausblasen).

Markus Ocker

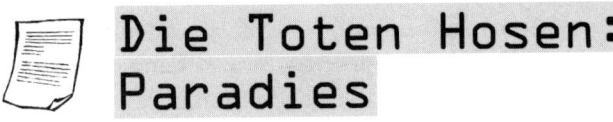

Die Toten Hosen: Paradies

Von der CD Opium fuers Volk oder der Live-CD Im Auftag des Herrn

Ins Paradies komme ich nicht durch fromme Leistungen, sondern allein durch Jesus.

Matthäus 11,28-30

Die Toten Hosen im Jugendkreis – wer hätte das gedacht?! Die Deutsch-Rocker fallen immer wieder durch ihre Texte mit Tiefgang auf. Sie singen nicht irgendein „Bla-Bla", sondern setzen sich echt und kritisch mit dem Leben auseinander.

Auch Glaube an Gott beschäftigt sie häufig. Campino hat sich sogar für einige Zeit ins Kloster gewagt. Allerdings hat ihn das strenge Leben der Mönche eher abgeschreckt. Wen wundert's auch! Im Lied über's Paradies kommt er zu dem Ergebnis: „Ich will nicht ins Paradies, wenn der Weg dorthin so schwierig ist!"

Ich sag's gleich vorneweg: Campino hat im Kloster verzerrte Fetzen von Glauben und Christsein aufgeschnappt: ein verkrampftes Leben mit religiösem Leistungsdruck. Diese Vorstellung kritisieren die Toten Hosen völlig zurecht! Viele Leute meinen, man hätte bei Gott nur dann eine Chance, wenn man die „Lebensprüfung" mit der Note 1 besteht. Das ist ja wie in der Schule!

Nur die Besten werden anerkannt und haben später mal eine Chance im Leben. Nur wer die superfromme Leistung bringt und jeden Tag zum Beichtstuhl rennt, könne sich das Paradies verdienen. Ich muss schön angekrochen kommen, immer brav und artig sein, darf nicht aufmucken, muss gerade sitzen, immer Ja und Amen sagen und die Spielregeln 100%ig einhalten. Ich darf keine eigene Meinung haben und muss perfekt sein wie eine Maschine, mit Heiligenschein rumlaufen. So ein verkrampftes Christsein ist ja abscheulich! Die Toten Hosen haben völlig Recht: Ich will auch nicht ins Paradies, wenn der Weg dorthin so schwierig ist!

Aber ihr könnt beruhigt sein. So kommt auch niemand zu Gott. Vergesst dieses Zeug, das ist ein völliger Krampf. Ich muss bei Gott keine „1er-Leistung" bringen – das ist völlig daneben. Die Spielregeln der Schule und unserer Gesellschaft gelten bei ihm einfach nicht! Niemand muss sich bei ihm etwas verdienen oder erkaufen. In der Bibel wird Gott anders beschrieben.

Gott liebt jeden Menschen bedingungslos – so, wie wir sind. Niemand muss sich erst einen Heiligenschein zulegen. Du kannst zu Gott so kommen, wie du bist. Seine Liebe ist echt und nicht käuflich.

Jesus ist den „schwierigen Weg" für uns gegangen und hat uns so den Weg zu Gott freigemacht: Er hat den Himmel verlassen und ist zu uns auf die Erde gekommen, mittenrein in unser Leben. Jesus wurde ein Mensch, war in derselben Haut wie wir. Seine Liebe ist so bedingungslos, dass er sogar bereit war, für uns zu sterben – für mein Versagen und meine Schuld am Nächsten. Jesus ging den „schwierigen Weg" für mich – ans Kreuz! Dort hat er meine Schuld beglichen und die Trennung zwischen Gott und mir aufgehoben. Dort hat er mich erlöst! Es kommt nicht mehr auf meine Leistung an. Allein durch Glauben und Vertrauen kann ich zu Gott kommen.

Jesus sagt (Matthäus 11,28-30): „Kommt her, alle die ihr genervt, gelangweilt, müde, ausgepowert und frustriert und ohne Hoffnung seid – ich gebe euch neue Kraft. Ich gehe mit euch durch dick und dünn." Du kannst mit Jesus über alles reden, auch über deine Zweifel und was dir stinkt. Nur so kannst du eine echte Beziehung zu ihm haben. Das Leben beginnt nicht erst im Paradies. Jesus möchte heute schon in deinem Alltag bei dir sein.

Roman Knörr-Zarbock

Falco: Ego!st

aus dem CD-Album Out of the Dark

 Wir sind alle kleine oder große Egoisten. Gottes Liebe hilft mir aus der Angst, zu kurz zu kommen.

 Jeremia 31,3; Johannes 15,13

Heute geht's um den Ohrwurm und Superhit „Ego!st". Ihr habt bestimmt Falcos cool-gehauchte Stimme beim Reinkommen erkannt. Und manche von euch können den Text vielleicht schon auswendig mitsingen.

Eigentlich redet heute doch jeder von Toleranz, Liebe, Nächstenliebe, Einfühlungsvermögen, kosmischer Liebe usw., aber Falco schaut ganz direkt und ehrlich hinter die Fassade und konfrontiert uns mit dem wahren Glaubensbekenntnis unserer Zeit: „Die ganze Welt dreht sich um mich, denn ich bin nur ein Egoist. Der Mensch, der mir am nächsten ist, bin ich! Ich bin ein Egoist!"

Muss man ein Schwein sein, wenn man in dieser Welt überleben möchte? Der überzeugte Individualist und Showmaker Falco geht noch ein ganzes Stück weiter: Es ist sogar total „cool" und „clever", ein Egoist zu sein. Ich brauche mich dessen gar nicht zu schämen, sondern ich kann stolz drauf sein. Wenn du kein Egoist bist, bist du einfach der Dumme!

Sich selber Gutes tun, das ist doch nicht schlecht. Das eigene Ego pflegen – und wenn das auf Kosten anderer geht –, ist doch total cool, oder? Obwohl diese Haltung ganz tief in uns allen drinsteckt, ist sie recht armselig, und jeder weiß, dass das nicht der richtige Weg sein kann. In Falcos Hit kommentieren die anderen Stimmen prompt: „Was ist er denn? Was hat er denn? Was kann er denn? Was macht er denn? Was glaubt er, dass er ist?"

Jeder bemerkt schnell, wie armselig die Egoisten sind, die sich vordrängeln, immer nur von sich erzählen, immer nur ihre Meinung gelten lassen und unbedingt ihren Kopf durchsetzen müssen, die immer nur fun auf Kosten anderer haben wollen, die Hausaufgaben immer nur abschreiben und dann beim Lehrer auch noch besser wegkommen, weil sie sich besser einschmeicheln können. Egoisten sind immer die anderen – aber manchmal ertappen wir uns auch selbst dabei ...

Die Bibel macht uns Mut, ehrlich unseren Egoismus einzugestehen. Das Tolle daran ist, dass wir nicht allein damit bleiben müssen, sondern ihn immer wieder neu bei Jesus am Kreuz abgeben können. Wir sind von Gott geliebte Menschen. Wir brauchen uns diese Liebe nicht zu erschleichen, sondern Gott liebt jeden Menschen bedingungslos. In Jeremia 31,3 sagt Gott: *„Ich habe dich schon immer geliebt, darum habe ich dich zu mir gezogen, aus lauter Güte.“* Jesus hat diese Liebe zu uns unter Beweis gestellt. Über ihn heißt es in Johannes 15,13: *„Niemand hat größere Liebe, als dass er sein Leben lässt für seine Freunde.“*

Wenn du dich zu Gott ziehen lässt, dann füllt er seine Liebe in dein Herz und vertreibt den Egoismus. Dann brauchst du auch keine Angst mehr haben, zu kurz zu kommen.

Hast du schon mal erlebt, wie wohltuend es ist, wenn dir überraschend jemand was Gutes tut, mit dem du gar nicht gerechnet hast, – und sei's, dass er dich nur anruft, wenn du krank bist, oder dir was erklärt, das du nicht verstanden hast, oder dir was aufhebt, das dir runtergefallen ist ...?

Gebet: Herr Jesus, hilf uns an diesem und an allen Tagen, dass wir uns deine Liebe ins Herz schenken lassen und andere lieben, weil du uns zuerst geliebt hast. Amen.

Roman Knörr-Zarbock

Stichwortverzeichnis

(34 Stichworte)

Bibelstellen-
verzeichnis

Altes Testament

Schuelerbibelkreis - Jesus an deiner Schule

Schon mal drüber nachgedacht, wie das wäre, wenn Jesus plötzlich an deiner Schule auftaucht? Was würde passieren? Mit wem würde er reden? Wie würden die Lehrer reagieren? Gäbe es weniger Gewalt, Neid, Lüge? Würde dir endlich jemand glauben, wenn du behauptest, dass Jesus lebt?

Jesus an deiner Schule – viele Christen träumen davon. Andere laden ihn einfach ein: Denn wo zwei oder drei in Jesu Namen versammelt sind, da ist er mitten unter ihnen (Matthäus 18,20)!

Also: Wo zwei oder drei oder fünfzehn Christen sich an der Schule treffen zum Singen, Beten, Bibellesen, Austausch, da ist Jesus auch da!

In Deutschland treffen sich an fast 600 Schulen Christen in so genannten Schülerbibelkreisen (SBK). Sie laden Jesus in ihren Alltag ein, ermutigen sich gegenseitig zum Christsein an der Schule und überlegen gemeinsam, wie sie den Glauben an Jesus ihren Mitschülern weitersagen können.

Die SMD (Studentenmission in Deutschland) unterstützt sie dabei. Die zehn Reisesekretäre der SMD-Schülerarbeit begleiten Schülerbibelkreise, geben Materialien und Infos weiter und helfen Schülern als Christen an der Schule missionarisch tätig zu werden.

Wenn du einen SBK gründen möchtest, mehr über die Schülerarbeit wissen willst oder einfach nur neugierig bist, wer Ansprechpartner für deine Schule ist, wende dich an die

SMD-Schülerarbeit
Postfach 200 554
35017 Marburg
Tel.: 0 64 21 / 91 05 22
Mail: schuelerarbeit@smd.org
Internet : www.smd.org

Der SBK-Ordner
Wie gründe ich einen Schülerbibelkreis?
Wie werden unsere Andachten interessanter?
Wie beten wir im Schülerkreis?
Was müssen wir beachten, wenn wir eine SBK-Freizeit planen?
Welche Ideen für Projektwochen gibt es?

Auf diese und viele andere Fragen rund um den Schülerkreis findest du Antworten im SBK-Ordner. Er hat über 200 Seiten und kostet nur 9,95 DM (+ Versandkosten).

Zu beziehen bei der SMD-Schülerarbeit
Postfach 200 554
35017 Marburg
Tel.: 0 64 21 / 91 05 22
Mail: schuelerarbeit@smd.org, Internet: www.smd.org

Andachten zum Vorlesen

Kreativandachten

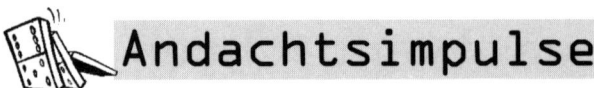

Andachtsimpulse

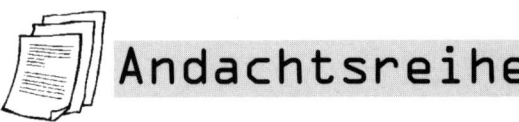

Andachtsreihen

Weitere Highlights aus unserer Reihe „4 Teens only"

Chap Clark
Heiße Tipps für eine coole Freundschaft
ISBN 3-86122-454-2
Bestell-Nr. 330 454
140 Seiten, Taschenbuch

Drehen sich auch deine Gedanken nur um Thema Nr. 1?

Hier findest du Orientierung – keine Frage bleibt offen!

Das besondere Plus: Das Buch verliert sich nicht in Fragen rund um „Wie weit ist zu weit?". Es geht weiter und klärt, was eine gut funktionierende Freundschaft ausmacht.

Lass dich auf die Spur setzen! Mit der Art von Liebe, die dir dieses Buch zeigt, hältst du garantiert auch durch, wenn es schwierig wird. Und du wirst besser verstehen, wie sehr Jesus uns liebt.

Lies den ultimativen Beziehungsratgeber und verlass die Achterbahn deiner Gefühle! Auch zum gemeinsamen Lesen geeignet.

FRANCKE
Verlag der Francke-Buchhandlung GmbH

Greg Johnson
Don't compromise
ISBN 3-86122-431-3
Bestell-Nr. 77 810
172 Seiten, Taschenbuch

„Es ist schon seltsam, man genießt dieselben Lehrer, man trägt die gleichen Klamotten, man hört die gleiche Musik wie die anderen, aber man hat trotzdem das Gefühl, irgendwie von den anderen belächelt zu werden – nur weil man Christ ist." Aus dem Vorwort.

Warnung: Dieses Buch ist Doping.
Es stärkt das Selbstvertrauen des Lesers in einer Art und Weise, dass er seinen Glauben im Alltag, in der Schule und unter Freunden ohne Hemmungen auslebt! Weiterhin liefert es ihm genau die Argumente an die Hand, die er braucht, um seine christliche Meinung verständlich zu machen. Und obendrein macht es auch noch fröhlich! Dafür sorgt nicht nur die griffige Aufmachung mit vielen witzigen Illustrationen.

FRANCKE
Verlag der Francke-Buchhandlung GmbH